KB066081

일본, 군비확장의 역사

— 일본군의 팽창과 붕괴 —

야마다 아키라(山田朗) 지음
윤현명 옮김

일본, 군비확장의 역사

일본군의 팽창과 붕괴

야마다 아키라(山田朗) 지음
윤현명 옮김

어문학사

일러두기

- 일본의 인명, 지명, 행정구역 단위, 자료명 등은 가급적 일본어 한자로 표기했다.
- 함정을 분류할 때 원서에서는 형(型)이라고 표기하고 있지만 한국에서는 보통 급(級)이라고 표기하므로 본서에서도 이를 따라 급이라고 번역했다.
  예) 야마토형 → 야마토급
- 원서에는 각주가 없지만 역자가 이해를 돕기 위해 덧붙였다.
- 원서의 강조 표시에 해당하는 ''는 불필요한 경우 일부 생략했다.

머리말

군비확장의 역사에서 무엇을 배울 것인가

전쟁은 군사력이 존재한다고 저절로 일어나는 것이 아니다. 전쟁은 절대 '갑자기' 일어나지 않으며 반드시 국가정책의 연장, 대립의 귀결로서 일어난다. 그러나 한편으로는 군사력 팽창이 국가를 전쟁으로 이끌기도 하고 무모한 정책을 낳기도 한다. 이것은 일본 근대사에서 배울 수 있는 중요한 교훈 중 하나이다. 전전(戰前) 일본의 군사력은 아시아·태평양전쟁에서 패배한 후 군부와 함께 해체되었다. 아시아 민중과 자국 민중의 엄청난 희생으로 일본은 패전이라는 형태로 '군축'을 달성한 셈이다. 그러나 우리는 근대 일본의 역사에서 군사력을 통제하는 방법을 얼마나 배웠는가. 만약 '군사(軍事)는 매우 전문적이고 까다로운 분야이기 때문에 신뢰할 수 있는 전문가에게 맡기는 수밖에 없어'라고 한다면 우리는 다시 한 번 근대 일본의 역사를 배워야 할 것이다.

본서가 서술하고자 하는 것은 전쟁의 역사가 아니라 군사력의 역사이다. 물론 필요에 따라 전쟁에 관한 서술도 하겠지만, 어디까지나 중심 내용은 군사력이 평시 어떠한 생각으로, 얼마만큼의 에너지를 쏟아 부으면서 건설되었는가에 대한 것이다. 다시 말하면 전쟁과 전쟁의 사이, 즉 '막간(幕間)'의 역사이자 후방의 군사사(軍事史)인 것이다.

근대 일본의 군사력은 팽창주의정책의 도구로 건설되었고, 러일전쟁을 통해 '일본식 전법'을 확립해 나갔다. 그리고 이것은 아시아·태평양전쟁이 끝날 때까지 일본의 육해군을 강하게 구속했다. 강고한 군사 이데올로기가 전략사상부터 무기개발에 이르기까지의 전 분야를 지배했던 것이다. 육군의 보병중심·백병주의, 해군의 대함거포주의·함대결전주의(그리고 이에 대한 반동으로 등장한 항공주병론〔航空主兵論〕)는 관료제적인 파벌주의까지 더해져 확고부동한 사상이 되었다. 그리고 이것에 입각한 작전사상은 끝이 없는 군비확장을 초래했다. 오직 한 가지 시나리오만을 고집하는 경직성은 현실세계를 보는 눈을 흐리게 하고, 미래에 대한 통찰력을 약화시킨다. 그러므로 시나리오대로 일이 풀리지 않으면 적절한 대처를 하지 못하고 크게 실패하기 마련이다.

근대 일본의 군비확장에서 무엇을 배울 것인가. 전전 군국주의 일본은 오늘날과 국가체제·사회구조가 다르므로 참고가 될 수 없다거나 민주주의가 확립된 오늘날, 옛날 일을 끄집어내는 것은 무의미하다는 주장도 있다. 하지만 전전 군국주의하에서도, 오늘날 일본국헌법하에서도 군사력이 국민의 냉엄한 감시하에 놓여 있지 않다는 사실은 변함이 없다. 군사력을 민주적으로 통제하기 위해서는 일정한 지식과 구상이 필요하다. 전문가에게 맡기는 것만으로는 군사력에 대한 통제가 불가능하다. 전문가는 더 많이, 더 우수한 것을 추구하는 직업적인 의무감을 가지고 있기 때문에 전술 중시, 기술 중시라는 함정에 빠지기 쉬우며 이를 스스로 통제할 수 없다. 군사력이 정치의 연장인 이상, 우리는 군사력을 민주적인 절차를 거쳐 정치의 힘으로 통제해야만 한다. 본서는 국가가 팽창주의적 국가전략을 채택한 경우 혹은 군사력에 대한 억제적 감시가 이루어지지 않을 경우 군사력이 어떻게 '자기증식' 하는지를 그리고 있다.

본서는 다섯 장으로 구성되어 있으며 기본적으로 러일전쟁 전부터 아시아·태평양전쟁까지를 시기 순으로 나누어 서술하고 있다. 그러나 육·해·공군의 군사력에 관해 최대한 정리하여 설명할 수 있도록 시기의 순서를 다소 바꾸었거나 중복해서 설명한 부분도 있다. 또한, 기계적으로 육·해·공군의 군사력을 나열하기보다 그 시기에 군비확장의 초점이 된 군사력을 더욱 구체적으로 설명하고 있다. 예를 들어 어떤 시기에는 해군력을 상세히 설명하고, 다른 시기에는 육군력, 또 다른 시기에는 공군력을 상세히 설명하기도 한다. 서술상의 불균형을 미리 말해두고자 한다.

본서는 군비확장의 근거가 된 국가전략과 군사사상의 변천을 짚어가면서 군비확장의 실태를 가능한 한 수량적인 데이터로 증명해 나가고자 한다. 그리고 군비확장의 계획뿐만 아니라, 실제로 진행되었던 군비확장의 모습을 구체적으로 추적해 나가는 데 주안점을 두었다. 따라서 '언제, 어떤 군함이 기공되고 완성되었는가' 또는 '어떤 부대가 몇 개 편성되었는가'와 같은 서술이 꽤 많다. 본서를 집필할 때 저자는 먼저 신뢰할 수 있는 기본 자료(참고문헌 참조)를 토대로 일본의 군함, 세계의 군함, 일본 육군의 각 부대에 대한 데이터베이스를 작성했다. 모든 사항을 망라할 수는 없었지만, 메이지(明治) 시대 이후의 일본 군함(주요 전투함정) 825척, 러일전쟁 이후의 세계 주요 군함(영국·미국·독일·프랑스·러시아·이탈리아의 전함, 항모, 순양함) 928척, 일본 육군의 연대급 이상의 주요 부대 1,552개에 대한 데이터를 작성해 서술과 도표 작성에 활용했다.

본서가 일본 근대의 군사사, 현대의 평화·군사 문제에 관심이 있는 분들에게 조금이나마 참고가 되었으면 하는 바람이다.

야마다 아키라(山田朗)

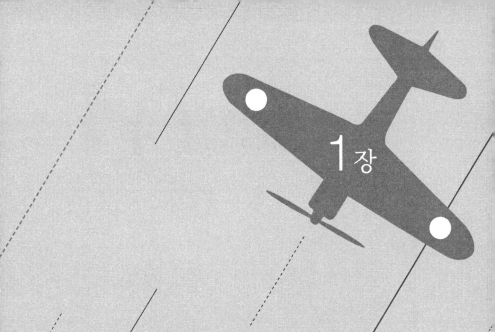

1장

러일전쟁과
일본의 군사력

메이지유신과 군비확장 노선 01

'천황의 군대' 창설

1870(메이지 3)년, 메이지유신(明治維新)[1] 정부는 육군은 프랑스, 해군은 영국을 본보기로 '천황의 군대'를 건설하기로 했다. 그래서 1871년에 사쓰마(薩摩)·조슈(長州)·도사(土左)·히젠(肥前)[2] 등에서 번병(藩兵)을 차출해 중앙군인 '어친병(御親兵)'을 만드는 한편, 지방의 치안 담당을 위해 번병을 재편성한 뒤 도쿄(東京), 오사카(大阪), 진제이(鎭西, 소재지는 구마모토[熊本]), 도호쿠(東北, 소재지는 센다이[仙

---

1 좁은 의미로는 근대 이전까지 일본을 지배하던 도쿠가와(德川)의 에도 막부(江戸幕府)를 타도하고 천황제를 기반으로 한 신정부 수립의 과정, 넓은 의미로는 신정부에 의해 진행되었던 일련의 근대화 과정을 가리킨다. 근대 일본의 기점이 되었다는 점에서 중요한 의미가 있다.

2 사쓰마는 현재의 가고시마 현(鹿児島県), 조슈는 야마구치(山口) 현, 도사는 고치(高知) 현, 히젠은 지금의 나가사키(長崎)와 사가(佐賀), 두 현에 해당한다. 이 4개 번(藩)은 막부 정권을 타도하고 메이지유신을 단행한 세력이었으며, 이 중에서도 특히 사쓰마와 조슈가 중심이 되어 권력을 장악했다.

에도성 천황의 거처인 황거(皇居)가 있는 곳이다. 도쿠가와 막부를 쓰러뜨린 메이지 정부의 지도자들은 수도를 도쿄로 옮기고 천황의 거처도 에도성으로 옮겼다. 오늘날에는 전통 일본을 대표하는 관광지가 되었다.

台))의 4개 진대(鎭臺)를 설치했다. 이듬해 어친병은 '근위병(近衛兵)'으로 개칭되었고, 1873년에는 나고야(名古屋)와 히로시마(広島)에도 진대가 설치되어 6개의 진대가 되었다. 그리고 1873년에 징병제가 시행되자 4월부터 징병된 평민 출신의 병사들이 각 진대에 입대했다. 다음 해인 1874년에는 육군의 기간(基幹)이 되는 보병연대(聯隊) 9개가 처음으로 편성되었고, 각 연대는 '천황의 군대'를 상징하는 '군기(軍旗)', 즉 연대기를 천황으로부터 수여받았다.

'어친병'과 진대가 설치된 1871년에 일본의 군사력은 육군 병력 1만 4,800명, 함정 14척(1만 2,351톤)에 불과했지만, 이후 1877년을 거쳐 점차 증강되었다. 메이지 정부는 1868년부터 1877년까지 약 10년

**일본 육군의 대부
야마가타 아리토모**

사실상 일본 육군을 건설한 인물이다. 그가 가장 경계한 나라는 북방의 강적 러시아였다. 따라서 그는 일본 육군을 러시아에 맞설 수 있도록 증강하기 원했다. 그러한 야마가타의 시각은 육군에 계승되어 제2차 세계대전까지 일본 육군은 러시아를 최대의 위협으로 생각했다.

간 평균적으로 국가예산(일반회계)의 15.9%를 군사비에 투입했다. 보병연대도 1875년에는 14개, 1878년에는 15개로 증강되었다. 그러나 이러한 군사력은 기본적으로 국내 치안유지용에 불과했고, 해군도 연안 방비를 위한 수준에 머물렀다.

일본이 막부 말기와 메이지유신 시기를 보내던 1860년대에 서구 열강들은 서로 격렬하게 대립하는 한편, 아시아·태평양·아프리카로 진출하며 식민지 획득을 위한 팽창정책을 추진하고 있었다. 이처럼 일본의 근대화는 서구 열강 간의 군사적 대립, 그리고 아시아 침략이라는 세계사적인 환경 속에서 시작되었다. 1870년대 전반에 메이지유신 정부는 '근대국가', 즉 서구형 국가 건설을 위해 폐번치현(廢藩置県)[3], 학제(學制), 징병령(徵兵令), 지조개정(地租改正)과 같은 일련의 제도개혁에 착수했다. 메이지유신은 일본 근대화의 기점인 동시에 대외팽창과 '탈아입구(脱亞入歐)'[4]의 기점이기도 했다. 메이지 정부는 자체적인 통치 기반을 갖추지 못했을 때부터 이미 대외팽창을 지향하고 있었던 것이다. 이러한 의미에서 정한론(征韓論, 1873년)[5]과 근대 이후 최초의 해외 파병이었던 대만 출병(1874년)은 메이지 정부의 팽창주의를 잘 드러낸 사건이었다. 또한, 일본은 강화도 사건(1875년)을 일으켜 이웃 나라인 조선에 '개국(開國)'을 압박하는 등 한반도에서의 영향력 확대를 꾀했다. 메이지 정부 지도자들의 대외팽창 지향은 그들이 갖고 있던 강렬한 위기의식의 발로이기도 했다.

---

3 메이지유신 정부가 이전까지 지방 통치를 담당하던 번을 폐지하고, 지방통치기관을 중앙정부가 담당하는 부(府)와 현(県)으로 일원화한 행정개혁이다. 1871년에 이루어졌으며 이로써 메이지유신 정부는 중앙집권제를 확립하게 되었다.

4 일본의 개화사상가 후쿠자와 유키치(福沢諭吉)가 주장한 것으로 아시아에서 벗어나 서구를 지향한다는 것이다. 일본이 아시아의 일원이 아닌 서구 열강과 같은 '문명국'의 일원이 되어야 한다는 것인데, 이는 일본이 서구 열강과 마찬가지로 다른 아시아 국가를 침략할 수 있다는 것으로 해석되기도 했다.

5 조선을 일거에 무력으로 정복하자는 주장. 막부 말기·메이지 초기에 대두되었는데, 특히 1870년대 전반에는 메이지 정부 내에서 정한론을 둘러싸고 격렬한 논쟁이 있었다.

대외팽창 전략과 군사력

서구 열강의 아시아 침략이 진행되는 상황에서 개발도상국이었던 메이지 일본의 정치지도자들은 자신들도 아시아를 침략해 독립을 유지하는 길을 선택했다. 이 선택으로 일본은 내부적으로는 국민 부담을 통한 '부국강병'의 군비확장 노선을, 대외적으로는 '과잉방어'라고 할 수 있는 대외팽창 전략을 택하게 된다.

유신 정부는 일찍부터 국내용(치안유지용) 군대가 아닌 열강의 위협에 대항할 수 있는 외부용(대외팽창용) 군대를 만들고자 했다. 당시 국가 지도층이 최대의 '위협'으로 생각했던 것은 제정 러시아의 남하였는데, 러시아 위협론의 대표 주자이자 현실 군사정책에 가장 강한 영향력을 가졌던 인물이 바로 야마가타 아리토모(山県有朋, 1838~1922년)[6]였다. 전형적인 번벌(藩閥)정치가로서 그의 사고방식은 메이지 전기 일본의 대외팽창 전략과 군대의 성격을 결정했다고 해도 과언이 아니다.

---

6 막부를 타도하고 신정부를 수립한 메이지유신 주역의 일원이며 메이지와 다이쇼기에 걸쳐 군인·정치가로서 군부와 정계에 강력한 영향력을 행사했다. 특히 일본 육군의 건설과 성장에서 야마가타 아리토모의 역할과 영향력은 유명하다. 정계에서는 이토 히로부미(伊藤博文)의 라이벌이기도 했다.

【표1】 육해군병력의 변천(후생성인양원호국(厚生省引揚援護局) 조사)

연도		장병수			함정수		항공기수		
		합계	육군	해군	척수	톤수	합계	육군	해군
1869	메이지(明治) 2				4	3,416			
1871	4	16,639	14,841	1,798	14	12,351			
1872	5	20,542	17,901	2,641	14	12,351			
1885	18	65,523	54,124	11,399	25	28,243			
1894	27	138,091	123,000	15,091	55	62,866			
1895	28	146,596	130,000	16,596	69	77,536			
1900	33	181,111	150,000*	31,114	112	212,933			
1904	37	940,777	900,000	40,777	147	236,558			
1905	38	1,034,959	990,000	44,959	171	341,643			
1912	다이쇼(大正) 1	287,638	227,861	59,777	192	533,386	1		1
1914	3	292,325	231,411	60,914	157	571,752	12		12*
1919	8	338,379	260,753	77,626	177	701,868	116	72	44*
1923	12	318,911	240,111	78,800	240	854,085	324	153	171*
1926	쇼와(昭和) 1	296,237	212,745	83,492	267	959,657	483	267	216*
1931	6	321,333	233,365	87,968	282	1,090,231	630	267	363*
1932	7	328,307	234,000*	94,307	271	1,121,488	652	267	385*
1937	12	1,076,890	950,000	126,890	290	1,187,777	1,559	549	1,010
1940	15	1,541,500	1,350,000	191,500	307	1,294,271	3,235	1,062	2,173
1941	16	2,420,000	2,100,000	320,000	385	1,480,000	4,772	1,512	3,260
1942	17	2,850,000	2,400,000	450,000	403	1,394,000	6,461	1,620	4,841
1943	18	3,584,000	2,900,000	684,000	524	1,140,000	9,172	2,034	7,138
1944	19	5,396,000	4,100,000	1,296,000	538	899,000	13,708	2,889	10,819

| 1945 | 20 | 8,263,000 | 6,400,000 | 1,863,000 | 459 | 708,000 | 10,938 | 2,472 | 8,466 |

(1) 장병 수는 군인·군속(軍屬, 군무원에 해당함)의 총계. 메이지 시대는 편성 정수, 다이쇼 이후는 예산 정수, 전시에는 동원된 숫자를 가리킴.

(2) *는 추정치.

(3) 육군의 항공기 수는 제1선의 항공기 숫자. 원래 보급기(補給機)로서 그 3분의 2에 상당하는 항공기를 보유하고 있었음. 또 본 표의 항공기 외에도 1945년의 종전 시에는 약 5,000대의 특공기가 편성되어 있었음.

출전: 內閣官房, 『內閣制度七十年史』(1955), 565쪽.

【표2】 일본의 군사비(1868~1945년)

연도		일반회계＋임시군사비(전비)				일반회계				국민총생산
		①	②	③	④	⑤	⑥	⑦	⑧	⑨
		세출 총액	총 군사비	②/①	대GNP비 ②／⑨	일반회계 세출액	일반회계 군사비	⑥/⑤	대GNP비 ⑥／⑨	
		1,000엔	1,000엔	%	%	1,000엔	1,000엔	%	%	1,000엔
1868	메이지 1					30,505	4,546	14.90		
1869	2					20,785	3,060	14.72		
1870	3					20,107	2,076	10.32		
1871	4					19,235	3,348	17.40		
1872	5					57,730	9,568	16.57		
1873	6					62,678	9,482	15.13		
1874	7					82,269	13,640	16.58		
1875	8					66,134	12,227	18.49		
1875	8					69,203	9,785	14.14		
1876	9					59,308	10,329	17.42		
1877	10					48,428	9,203	19.00		

연도		일반회계＋임시군사비(전비)				일반회계				국민총생산
		①	②	③	④	⑤	⑥	⑦	⑧	⑨
		세출 총액	총 군사비	②／①	대GNP비 ②／⑨	일반회계 세출액	일반회계 군사비	⑥／⑤	대GNP비 ⑥／⑨	
		1,000엔	1,000엔	%	%	1,000엔	1,000엔	%	%	1,000엔
1878	11					60,941	9,249	15.18		
1879	12					60,317	11,257	18.66		
1880	13					63,140	12,009	19.02		
1881	14					71,460	11,852	16.59		
1882	15					73,480	12,410	16.89		
1883	16					83,106	19,194	23.10		
1884	17					76,663	17,487	22.81		
1885	18					61,115	15,512	25.38	1.92	806,000
1886	19					83,223	20,523	24.66	2.57	800,000
1887	20	79,453	22,452	28.26	2.74	79,453	22,237	27.99	2.72	818,000
1888	21	81,504	22,786	27.96	2.63	81,504	22,540	27.66	2.60	866,000
1889	22	89,714	23,584	29.59	2.47	88,756	23,448	26.42	2.46	955,000
1890	23	82,125	25,692	31.28	2.43	73,082	20,475	28.02	1.93	1,056,000
1891	24	83,556	23,682	28.34	2.08	83,555	23,681	28.34	2.08	1,139,000
1892	25	76,735	23,768	30.97	2.11	76,734	23,768	30.97	2.11	1,125,000
1893	26	84,582	22,832	26.99	1.91	84,581	24,822	29.34	2.07	1,197,000
1894	27	185,299	128,427	69.31	9.60	78,128	20,662	26.45	1.54	1,338,000
1895	28	178,631	117,047	65.52	7.54	85,317	23,536	27.59	1.52	1,552,000
1896	29	168,848	73,408	43.48	4.41	168,856	73,248	43.38	4.40	1,666,000
1897	30	223,679	110,543	49.42	5.65	223,678	110,542	49.42	5.65	1,957,000
1898	31	219,758	112,428	51.16	5.12	219,757	112,427	51.16	5.12	2,194,000

연도		일반회계＋임시군사비(전비)				일반회계				국민총생산
		①	②	③	④	⑤	⑥	⑦	⑧	⑨
		세출 총액	총 군사비	②／①	대GNP비 ②／⑨	일반회계 세출액	일반회계 군사비	⑥／⑤	대GNP비 ⑥／⑨	
		1,000엔	1,000엔	%	%	1,000엔	1,000엔	%	%	1,000엔
1899	32	254,166	114,308	44.97	4.94	254,165	114,212	44.94	4.94	2,314,000
1900	33	292,750	133,174	45.49	5.52	292,750	133,113	45.47	5.51	2,414,000
1901	34	266,857	102,249	38.32	4.12	266,856	102,361	38.36	4.12	2,484,000
1902	35	289,227	85,768	29.65	3.38	289,226	85,768	29.65	3.38	2,537,000
1903	36	315,969	150,915	47.76	5.60	249,596	83,002	33.25	3.08	2,696,000
1904	37	822,218	672,960	81.85	22.22	277,055	32,701	11.80	1.08	3,028,000
1905	38	887,937	730,580	82.28	23.69	420,741	34,521	8.20	1.12	3,084,000
1906	39	696,751	378,728	54.36	11.47	464,275	129,746	27.95	3.93	3,302,000
1907	40	617,236	214,664	34.78	5.74	602,400	198,316	32.92	5.30	3,743,000
1908	41	636,361	213,383	33.53	5.67	636,361	213,383	33.53	5.67	3,766,000
1909	42	532,894	175,397	32.91	4.64	532,893	177,212	33.25	4.69	3,780,000
1910	43	569,154	183,626	32.26	4.68	569,154	185,164	32.53	4.72	3,925,000
1911	44	585,375	203,749	34.81	4.57	585,374	205,463	35.10	4.60	4,463,000
1912	다이쇼1	593,596	199,611	33.63	4.18	593,586	199,610	33.63	4.18	4,774,000
1913	2	573,634	191,886	33.45	3.83	573,633	191,885	33.45	3.83	5,013,000
1914	3	617,994	304,566	49.28	6.43	648,420	170,959	26.37	3.61	4,738,000
1915	4	595,450	236,411	39.70	4.74	583,269	182,168	31.23	3.65	4,991,000
1916	5	598,525	256,538	42.86	4.17	590,795	211,438	35.79	3.44	6,148,000
1917	6	639,824	345,508	54.00	4.02	735,024	285,871	38.89	3.33	8,592,000
1918	7	1,142,805	580,069	50.76	4.90	1,017,035	367,985	36.18	3.11	11,839,000
1919	8	1,319,358	856,303	64.90	5.54	1,172,328	536,687	45.78	3.47	15,453,000

연도		일반회계+임시군사비(전비)				일반회계				국민총생산
		①	②	③	④	⑤	⑥	⑦	⑧	⑨
		세출 총액	총 군사비	②／①	대GNP비 ②／⑨	일반회계 세출액	일반회계 군사비	⑥／⑤	대GNP비 ⑥／⑨	
		1,000엔	1,000엔	%	%	1,000엔	1,000엔	%	%	1,000엔
1920	9	1,549,167	931,636	60.14	5.86	1,359,978	649,758	47.78	4.09	15,896,000
1921	10	1,598,603	837,920	52.42	5.63	1,489,855	730,568	49.04	4.91	14,886,000
1922	11	1,515,183	690,295	45.56	4.43	1,429,689	604,801	42.30	3.88	15,573,000
1923	12	1,549,513	527,534	34.05	3.53	1,521,050	499,071	32.81	3.34	14,924,000
1924	13	1,644,514	497,067	30.23	3.19	1,625,024	455,192	28.01	2.92	15,576,000
1925	14	1,526,819	448,009	29.34	2.75	1,524,988	443,808	29.10	2.73	16,265,000
1926	쇼와 1	1,578,826	437,111	27.69	2.74	1,578,826	434,248	27.50	2.72	15,975,000
1927	2	1,765,723	494,612	28.01	3.04	1,765,723	491,639	27.84	3.02	16,293,000
1928	3	1,814,855	517,173	28.50	3.13	1,814,855	517,237	28.50	3.13	16,505,000
1929	4	1,736,317	497,516	28.65	3.05	1,736,317	494,920	28.50	3.04	16,286,000
1930	5	1,557,864	444,258	28.52	3.03	1,557,863	442,859	28.43	3.02	14,671,000
1931	6	1,476,875	461,298	31.23	3.47	1,476,875	454,616	30.78	3.42	13,309,000
1932	7	1,950,141	701,539	35.97	5.14	1,950,140	686,384	35.20	5.02	13,660,000
1933	8	2,254,662	853,863	37.87	5.56	2,254,662	872,620	38.70	5.69	15,347,000
1934	9	2,163,004	951,895	44.01	5.61	2,163,003	941,881	43.55	5.55	16,966,000
1935	10	2,206,478	1,042,621	47.25	5.70	2,206,477	1,032,936	46.81	5.65	18,298,000
1936	11	2,282,176	1,088,888	47.71	5.63	2,282,175	1,078,169	47.24	5.58	19,324,000
1937	12	4,742,320	3,277,937	69.12	4.36	2,709,157	1,236,840	45.65	5.42	22,823,000
1938	13	7,766,259	5,962,749	76.78	22.59	3,288,029	1,166,746	35.45	4.42	26,394,000
1939	14	8,802,943	6,468,077	73.48	20.71	4,493,833	1,628,610	36.24	5.21	31,230,000
1940	15	10,982,755	7,947,196	72.36	21.57	5,860,213	2,226,181	37.99	6.04	36,851,000

연도		일반회계+임시군사비(전비)				일반회계				국민총생산
		①	②	③	④	⑤	⑥	⑦	⑧	⑨
		세출 총액	총 군사비	② / ①	대GNP비 ②/⑨	일반회계 세출액	일반회계 군사비	⑥ / ⑤	대GNP비 ⑥/⑨	
		1,000엔	1,000엔	%	%	1,000엔	1,000엔	%	%	1,000엔
1941	16	16,542,832	12,503,424	75.58	27.85	8,133,891	3,012,625	37.04	6.71	44,896,000
1942	17	24,406,382	18,836,742	77.18	34.66	8,276,475	79,070	0.96	0.15	54,343,000
1943	18	38,001,015	29,828,820	78.49	46.74	12,551,813	1,815	0.01	0.00	63,824,000
1944	19	86,159,861	73,514,674	85.32	98.67	19,871,947	1,873	0.01	0.00	74,503,000
1945	20	37,961,250	17,087,683	45.01	……	21,496,189	……	……	……	……

① 세출 총액: 일반회계와 임시군사비특별회계의 합계. ② 총군사비: 육해군성 경비, 임시군사비, 징병비의 합계. ⑤ 일반회계 세출액: 중앙재정의 일반회계 세출액. ⑥ 일반회계 군사비: 육해군성 경비의 합계이며 전비(임시군사비)는 포함하지 않음. 1942년 이후 일반회계 군사비가 감소한 것은 행정비로 계상되었기 때문. ⑨ 국민총생산은 명목치임. 1940년까지는 오가와 가즈시(大川一司), 1941년 이후는 경제기획청의 계산치를 따랐음 ⑩ 1875년도가 2개인 것은 회계연도의 변경에 의한 것임.

출전: ①, ②: 大蔵省, 『昭和財政史』第4卷(東洋経済新報社, 1955), 4~5쪽. ⑤, ⑥: 日本統計研究所編, 『日本経済統計集』(日本評論社, 1958), 234~237쪽. ⑨: 安藤良雄編, 『近代日本経済史要覧』(東京大学出版会, 1975), 2~3쪽.

1871년(메이지 4년) 12월, 당시 병부대보(兵部大輔. 대보는 훗날의 차관에 해당)였던 야마가타 아리토모는 병부소보(兵部小輔)였던 가와무라 스미요시(川村純義, 1836~1904년)·사이고 쓰구미치(西鄉從道, 1843~1902년)와 함께 「군비의견서(軍備意見書)」를 정부에 제출했다. 그리고 "외부에 대비한 계획은 이미 세워졌고 잘 조치를 취한다면 내부는 걱정할 것이 없다."라며 일찍부터 외부를 향한 군대 건설을 주장했다. 야마가타는 이 의견서에서 상비병과 예비병으로 구성된 징병제의 도입, 군함의 건조와 해안포대의 건설, 간부양성학교와 군 공창(工廠)[7]의 설치를 제안했다. 그리고 대규모 군비를 건설해야 하는 이유로 '북방의 강적'인 러시아의 남하정책을 내세웠다(大山梓 編, 『山県有朋意見書』, 43~46쪽).

메이지 정부의 지도자들은 대국 러시아가 반드시 중국 동북부(만주)를 침략하고 한반도에도 진출할 것으로 보았다. 그리고 그렇게 되면 일본의 독립도 위태롭다는 위기감을 느끼고 있었다. 그러므로 러시아의 남하에 대비해 '주권선(主權線, 국경선을 의미함)'을 지키기 위해서는 러시아가 만주를 점령하고 한반도에 진출하기 전에, 선수를 쳐서 일본이 한반도를 '이익선(利益線, 세력권을 가리킴)'으로 확보해야 한다는 전략을 세우고 있었다. 이것이 '과잉방어', 즉 적극적 팽창 전략이다. '주권선'을 방어하기 위해 그 외곽의 '이익선'을 확보해야만 한다는 전략론은 야마가타를 비롯한 메이지 정부 지도자들의 공통된 시각이었다. 그러나 러시아의 남하에 대비해 한반도에 진출한다고 해도 그곳에는 조선이라는 주권국가가 있었고, 청국(중국)의 영향력이 강하게 미치고 있었다. 따라서 일본이 한반도에 진출하기 위해서는 우선 조선 정부에 대한 침투를 강화하는 한편, 청국의 영향력을 몰아내는 것부터 시작해야 했다. 대(對)러시아 전략에 의해 시작된 한반도 진출은 먼저 중국과의 충돌을 불러일으켰다.

---

7 군에 소속되어 무기와 탄약 등의 군수품을 만드는 공장.

'부국강병' 정책에 기초한 군비확장

1882(메이지 15)년, 조선에서는 친(親)일본세력의 배제를 의미하는 임오군란이 일어났는데, 이를 계기로 청국의 영향력은 더욱 강해졌다. 이에 대해 친일본세력은 1884년에 쿠데타(갑신정변)를 일으켜 반격하려 했으나 실패했다. 갑신정변 당시 일본 정부는 무력을 써서라도 친일본세력을 도우려 했지만 아직 청국의 군사력을 무력으로 몰아낼 수 있다는 확신이 없었고, 결국 개입은 중단되었다.

이후 일본 정부는 계획적인 군비확장에 힘을 기울이게 되었다. 그동안 치안유지용이었던 군사력은 이때부터 대외침략을 위한 군사력으로 재편되어간다. 육군력의 중심인 보병연대는 1878년에 15개였지만 1884년에 3개, 1885년에 4개, 1886년에 5개, 1887년에 1개가 추가되어 모두 28개 연대가 되었다. 육군은 1886년에 모범병제(模範兵制)를 프랑스식에서 독일식으로 바꾸었고, 1888년에는 기존의 6개 진대를 폐지하고 보병연대의 상급기관으로서 제1사단(師團)부터 제6사단을 새로 편성했다. 진대에서 사단으로의 개편은 단순한 명칭 변경이 아닌 부대의 군사적 성격이 변화되었음을 의미한다.

사단은 진대와는 달리 담당 지역을 방어하는 것이 아니라 1개의 전략 단위로서 자유롭게 행동할 수 있는 기동성을 갖추고 있었다. 이는 명백히 대륙에서의 전투를 염두에 둔 조직 개편이었다. 그림

1에서 알 수 있듯이 진대와 사단의 조직을 비교해 보면, 사단은 공병대대·대소가교종열(大小架橋縱列)·치중병대대(輜重兵大隊)[8]·야전병원 등과 같이 자체적으로 이동하면서 싸우기 위한 부대를 중시한다. 일본 육군의 상설(常設) 사단은 청일전쟁이 시작되었던 1894년에 제1사단부터 제6사단과 고노에 사단(近衛師團, 1891년에 개편)을 합쳐 7개 사단을 이루었는데 이는 일본 육군의 주력을 형성했다.

국가예산(일반회계)에서 군사비가 차지하는 비율은 1868년부터 1877년까지 10년간은 평균 15.9%였지만 육군력의 급속한 정비·확장으로 1878년부터 1882년까지의 5년간은 평균 17.3%로 상승했다. 이것은 다시 1883년 이후 20% 이상이 되었다. 또한, 그때까지 연안경비전력(이동이 가능한 연안포대)으로 건설되었던 해군력도 점차 근해의 제해권 확보를 위한 전력으로 확장되었다. 주요 함정은 영국, 프랑스 등에서 수입했기 때문에 군사비의 비율은 점점 높아져, 1883년부터 1887년까지의 5년간은 평균 24.8%, 1888년부터 1892년까지의 5년간은 평균 28.2%에 달했다.

8　치중병은 보급부대를 의미함.

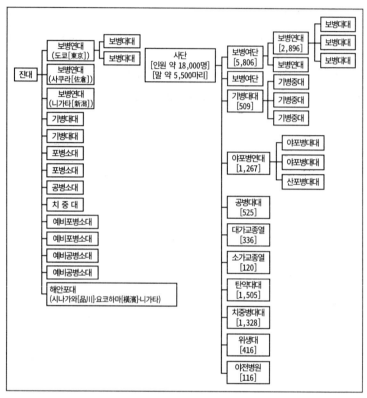

【그림 1】진대의 편제
(1873년 1월 도쿄진대의 예)

청일전쟁 당시의 사단편제
[ ]안의 숫자는 정원수

주: 러일전쟁, 중일전쟁, 태평양전쟁 당시의 사단편제는 위의 편제와는 많이 다름.

출전: 진대는 陸軍省編, 『陸軍沿革要覧』(1890)을 토대로 사단은 桑田悅·前原透編著, 『日本の戦争—図解とデーター』(原書房, 1982)資料編, 9쪽을 토대로 작성함.

군함은 해군성(海軍省)이 설치된 1871년에는 14척·배수량 1만 2,351톤에 불과했는데, 임오군란(1882년)을 계기로 1883년부터

1890년까지 42척으로 증강하는 것을 목표로 한 대규모 건함(建艦)계획이 세워졌다. 건함은 재정난 때문에 계획대로 진행되지 않았지만 일본 정부는 영국에서 중소규모의 신예 함정을 지속적으로 사들였고, 이로써 일본은 청일전쟁이 시작될 무렵 군함 28척·5만 7,600톤과 수뢰정(水雷艇) 24척·1,475톤을 보유하게 되었다.

사단과 보병연대

1888(메이지 21)년에 최초로 사단이 편성된 이후, 사단은 일본 육군의 주력부대가 되었다. 창설 당시 사단은 독일의 산포병사단(山砲兵師團)의 편제를 그대로 본떠서 만든 것이었지만, 그 후 수송부대 관계(탄약종렬대대·치중병대대)가 약간 간소화되어 청일전쟁 당시의 편제가 되었다(표 3).

사단은 직접 전투에 참가하는 보병·기병·포병·공병(가교종렬도 포함)의 각 부대, 탄약과 식량을 수송하는 치중병부대(탄약대대도 포함), 부상자의 이송과 치료를 담당하는 위생대·야전병원 등으로 이루어져 있다. 포병연대는 야포(구경 70밀리 전후의 이동식 대포)를 중심으로 무장한 야포병연대, 산포(山砲, 야포보다 더 경량화되어 분해 운반이 가능한 대포)로 무장한 산포병연대가 있다.

【표3】 메이지 시대 사단의 전시편제

청일전쟁 당시 사단의 전시편제 정원(1893년)				러일전쟁 당시 사단의 전시편제 정원(1899년)			
	사단내 부대수	부대인원 정수	부대마필 정수		사단내 부대수	부대인원 정수	부대마필 정수
사단(전체)		약 18,500	약 5,500	사단(전체)		약 18,360~18,400	5,020~5,490
사단사령부	1	175	95	사단사령부	1	230	120
보병여단	2	5,806	752	보병여단	2	5,817	443
여단사령부	2	14	9	여단사령부	2	19	11
보병연대	4	2,896	188	보병연대	4	2,919	216
보병대대	12			보병대대	12		
보병중대	48			보병중대	48		
기병대대	1	509	488	기병연대(갑)	1	724	679
기병중대	3			기병중대	4		
				[기병연대(을)]	[1]	[519]	[484]
				[기병중대]	[3]		
야포병연대	1	1,267	944	야포병연대	1	1,190	1,047
야포병대대	2			[산포병연대]	[1]	[1,369]	[782]
야포병중대	4			포병대대	3		
산포병대대	1			포병중대	6		
산포병중대	2						
공병대대	1	525	239	공병대대	1	788	110
공병중대	2						
대가교종렬	1	336	239	가교종렬	1	345	216
소가교종렬	1	120	78				
탄약대대	1	1,505	1,287	탄약대대(갑)	1	741	562
치중병대대	1	1,328	1,345	치중병대대(갑)	1	1,530	1,186
위생대	1	416	51	위생대	1	487	60
야전병원	6	116	44	야전병원	6	104	28

桑田悅前原透編著, 『日本の戦争-図解とデータ-』(原書房, 1982)을 토대로 작성. 러일전쟁 당시 사단의 경우, 기병 4개 중대 편제의 기병연대(갑)와 기병 3개 중대 편제의 기병연대(을)를 둘 다 표기했고, 야포병연대와 산포병연대도 둘 다 표기했음. [ ]는 갑과 을의 수치, 야포병연대와 산포병연대의 수치를 구분하기 위해 편의상 넣었음.

사단 전력의 중심은 4개의 보병연대이다. 각 보병연대의 전시 정원은 2,800명 이상이고, 이러한 보병연대 2개로 보병여단(旅團)을 구성한다. 따라서 1개의 사단에는 2개의 보병여단이 있고, 각각의 보병여단에는 2개의 보병연대가 있으며 사단장에는 육군 중장이, 보병여단장에는 육군 소장이, 연대장에는 육군 대좌(大佐)가 임명되었다. 사단 정원 1만 8,500명 중 2개의 보병여단이 차지하는 비율은 청일·러일전쟁 시기에는 60% 정도, 훗날 중일전쟁 때에는 60~65%를 차지했다.

사단 전력의 중심인 보병연대는 사단 내에서 특별한 지위를 가진 존재였다. 각 연대는 천황으로부터 군기(연대기라고도 함)를 수여받았다. 보병연대에 대한 군기 수여는 일본이 아시아·태평양전쟁에서 패할 때까지 계속되었다. 청일전쟁이 끝난 1896년 이후 기병대대가 기병연대로 개편되자 기병연대에도 '군기'가 수여되었다. 그러나 나중에 기병연대가 자동차를 사용하고, 1939년 이후에 수색연대로 개편되자 군기는 수여되지 않았고, 개편 이전에 기병연대가 가지고 있던 군기는 천황에게 반납되었다.

보병연대는 각각 보병대대·보병중대(中隊)·보병소대(小隊)로 나뉘었는데, 보병연대는 3개 보병대대, 보병대대는 4개 보병중대, 보병중대는 3개 보병소대로 구성되었다. 즉, 1개 사단에는 보병부대 4개 연대·12개 대대·48개 중대·144개 소대가 있는 셈이다. 보병연대 4개를 기간으로 하는 사단편제는 이후에도 계속되다가 중일전쟁 시기에 보병연대 3개를 기간으로 하는 '3단위 사단'으로 재편되었다.

사단에는 전시편제와 평시편제라는 2개의 부대편제(인원과 말의 정원)가 있다. 전시가 아닌 평시에는 수송·위생 관계 부대의 대부분, 전투부대 일부를 결원으로 남겨놓았고, 전시가 되면 동원령을 발동해 결원을 정원에 맞게 보충하는 것이다(이 점에 대해서는 나중에 서술하겠다).

청일·러일전쟁 02

청일·러일전쟁 사이의 군비확장

한반도에서 청국의 영향력을 제거하기 위해(나아가 러시아와 대결하기 위해) 일본은 10여 년에 걸쳐 전쟁을 준비했다. 청일전쟁 (1894~1895년)의 결과, 일본은 한반도에서 청국의 영향력을 몰아내는 데 성공했고 대만(臺灣)·팽호(澎湖)제도를 영유하게 된다. 일본은 이민족을 지배하는 식민지 제국이 된 동시에 이번에는 한반도와 만주 남부를 두고 러시아와 직접 대립하게 되었는데, 이는 더욱 큰 군비확장을 필요로 했다. 군사력 건설이라는 점에서 보자면 러일전쟁의 준비는 청일전쟁 중에 이미 시작된 셈이다.

청일전쟁 중인 1894(메이지 27)년에 1개 사단이 증설되어 모두 8개 사단이 된 육군은 전후인 1898년에 제8사단에서 제12사단, 즉 5개 사단(보병연대로 치면 20개 연대)을 단번에 증설했다(표 4).

【표4】 사단과 각종 연대의 증가(1874~1921년)

연도 CY	사단		보병연대		야산포병연대		중포병연대		기병연대	
	증가	현재 숫자	증가	현재 숫자	증가	현재 숫자	증가	현재 숫자	증가	현재 숫자
1874			9	9						
1877			5	14						
1878			1	15						
1884			3	18	6	6				
1885			4	22	1	7				
1886			5	27		7				
1887			1	28		7				
1888	6	6		28		7				
1891	1	7		28		7				
1894	1	8		28		7				
1896		8		28	5	12			7	7
1898	5	13	20	48		12				7
1899		13		48	7	19			5	12
1900		13	4	52		19				12
1901		13		52		19			4	16
1902		13		52		19			1	17
1905	4	17	16	68	5	24			3	20
1906		17		68		24			1	21
1907	2	19	2*	70	1	25				21
1908		19	8	78		25			2	23
1909		19		78		25			4	27

연도 CY	사단		보병연대		야산포병연대		중포병연대		기병연대	
	증가	현재 숫자	증가	현재 숫자	증가	현재 숫자	증가	현재 숫자	증가	현재 숫자
1915		19		78	2	27				27
1916	1	20	7	85		27			1	28
1917		20		85	3	30				28
1918		20		85		30	6	6		28
1919	1	21		85		30		6		28
1920		21	1	86		30		6	1	29
1921		21		86		30		6		29

(1) 사단과 각종 연대의 증가는 그 해에 편성된 것을 가리킨다. 현재 숫자는 각 연도의 12월 말을 기준으로 함.

(2) 보병연대 중, 1907년*은 대만보병 제1·제2연대.

(3) 야산포병연대는 사단 소속의 야포병연대·산포병연대와 1917년에 편성된 산포병연대(1922년에 독립 산포병연대로 개칭)의 합계.

(4) 중포병연대는 야전중포병연대.

그래서 일본 육군은 러일전쟁이 시작될 무렵에 13개 사단이 되어 10년 전의 청일전쟁 때보다 대략 2배의 육군력을 보유하게 되었다. 또 러일전쟁에서 해전의 주역이었던 일본 해군 전함 6척 중 2척인 후지(富士), 야시마(八島)는 이미 청일전쟁 중인 1894년에 영국에서 기공되고 있었다. 이어서 1척 시키시마(敷島)는 1897년, 2척 하쓰세(初瀨)·아사히(朝日)는 1898년, 미카사(三笠)는 1899년에 영국에서 기공되었다. 이들 6척의 전함은 1897년부터 1902년에 걸쳐 차례로 완성되었다. 청일전쟁 당시 일본은 세계적인 수준의 주력함을 한 척도 갖지 못했지만, 1890년대에 일본 해군이 영국의 군수회사에 발주한 이들 전함은 하나같이 영국 해군의 주력함으로서도 손색이 없는 우수한 배들이었다. 러시아와 군사적으로 대결하기 위해서는 세계적 수준의 주력함이 어떻게든 필요했던 것이다. 해군은 1896년부터 10년간 세계적인 수준의 전함 6척·장갑순양함 6척을 기간으로 하는 103척·15만 3,000톤의 함정을 건조하는 계획에 착수했고 이를 달성했다. 그 결과 러일전쟁을 시작할 무렵에 일본은 152척·26만 4,600톤의 함정을 보유하게 되었다.

청일전쟁과 러일전쟁 사이의 군비확장은 청일전쟁 이전의 군비확장을 훨씬 뛰어넘었고 국가예산(일반회계)에서 군사비가 차지하는 비율도 현저하게 증가했다. 청일전쟁 이전의 10년(1884~1893년)간은 군사비 비율이 평균 27.2%였지만 러일전쟁 전의 10년(1894~1903년)간은 청일전쟁 중의 임시군사비[9]를 제외하고도 평균 39%에 달했다. 같은 시기 국민총생산에서 군사비가 차지하는 비중도 평균 2.27%에서 3.93%로 대폭 증가했다(청일전쟁 이전의 경우, 1885년부터 1893년까지 9년간의 평균).

---

9 임시군사비특별회계에 의한 전비(戰費). 청일전쟁, 러일전쟁, 제1차 세계대전과 시베리아 출병, 중일전쟁과 태평양전쟁, 이렇게 4회에 걸쳐 성립·운용되었다. 전쟁비용의 핵심을 이루기 때문에 그 규모는 막대하지만, 전비이기 때문에 평시의 군사비 통계에서는 제외된다.

군사사상사로 본 러일전쟁

러일전쟁은 20세기의 전쟁과 군사력에 결정적인 영향을 끼쳤다. 러일전쟁의 교훈을 바탕으로, 서구 열강은 군사력의 대규모 개편을 단행했고 일본은 아시아·태평양전쟁까지 유지되는 육해군의 군사사상(軍事思想)을 확립했기 때문이다.

러일전쟁은 군사사상의 관점에서 육전에서는 독일식 화력주의(火力主義)와 프랑스식 백병주의(白兵主義)의 대결이며, 해전에서는 대함거포(大艦巨砲)주의를 전 세계에 정착·가속화시킨 싸움이었다. 육전에서의 독일식 화력주의는 신속한 기동으로 소총·포병 화력을 집중시켜 상대방을 제압하는 방식이며, 보병의 백병(총검)돌격이 아닌 화력(총·포탄의 물량)으로 승패를 결정지으려는 전술사상이다.

1880년대 이후 독일의 육군 소령 멕켈(Klemens Wilhelm Jacob Meckel, 1842~1906년) 등을 초빙해 독일 육군의 전략·전술을 습득해 온 일본 육군은 러일전쟁의 개전(開戰) 초기에 화력주의 입장에 서 있었다. 한편, 프랑스식 백병주의는 견고한 축성(진지·요새)으로 상대의 화력을 회피하고 기회를 보아 화력의 지원을 받으며 상대에게 접근한 다음, 육군의 백병돌격으로 일거에 승패를 결정지으려는 사상으로 당시 러시아군이 채택하고 있었다. 군사사상으로 보자면 초기의 러일전쟁은 1870년부터 1871년까지의 프로이센·프랑스전쟁을 재현한 것이라 할 수 있었다. 프로이센·프랑스전쟁에서 프로이센

(독일)군은 신속한 기동과 화력의 집중으로 프랑스군을 격파했다.

또한 러일전쟁에 앞선 1880년부터 1890년대는 공업기술 발달로 무기의 변화가 눈부시게 이루어진 시기였다. 이미 1860년대에 총과 대포는 화승식(火繩式)·부싯돌식에서 신관(信管)식으로, 앞에서 탄환을 재는 전장식(前裝式)에서 뒤에서 탄환을 재는 후장식(後裝式)으로 바뀌었다. 원래 총신과 포신의 내부는 그냥 비어 있는 형태였는데 여기에 나선형 홈이 생겨 사정거리가 길어지고 명중률도 높아졌다. 그 후 무연(無煙)화약의 개발, 공업규격의 정비, 제강법의 발달 등으로 개량이 가해지면서 고성능 연발식의 소총·기관총·속사포가 차례로 개발되었다. 또한, 내연기관과 조선기술의 발달로 범선식 군함이 자취를 감추고 30센티 이상의 대구경포가 탑재된 1만 톤 이상의 중무장·중장갑 전함과 순양함, 어뢰를 탑재한 수뢰정, 그리고 원시적이긴 하지만 잠수함도 등장했다.

러일전쟁은 이러한 무기체계의 혁신 속에서 일어났다. 유럽 국가들은 가까운 미래에 강대국들 사이에 군사적 충돌이 일어날 것으로 예상하고 있었다. 그러므로 프로이센·프랑스전쟁 이래의 대규모 육전, 이탈리아·오스트리아 해군 간의 리사해전(1866년)[10] 이래의 대형 장갑함 간의 해전이 벌어질 것으로 예상되는 러일전쟁에 주목했고, 러일 양군에 관전(觀戰)무관을 파견하며 정보 수집에 힘썼다.

---

10 프로이센·오스트리아전쟁 중인 1866년 7월에 아드리아 해의 리사 섬 부근에서 프로이센의 동맹국인 이탈리아와 오스트리아가 벌인 해전.

서구 열강이 러일전쟁의 육전에서 배운 것

서구 열강의 육군이 러일전쟁의 육전에서 얻은 최대의 교훈은 ① 중(重)기관총이야말로 진지방어의 핵심이라는 것, ② 적진 돌파에는 유탄포(榴彈砲)의 집중 사용, 특히 중포(重砲, 구경 15센티 이상의 유탄포 또는 10센티 이상의 캐논포)가 유효하다는 것, ③ 유자(有刺)철조망은 방어에 절대적인 효과가 있다는 것이다(Shelford Bidwell & Dominick Graham, *Fire-Power: British Army Weapons and Theories of War 1904~1945*〔Boston, George Allen & Unwin, 1985〕, pp.10-11).

러일전쟁 이후 서구 열강의 육군은 다투어 중기관총과 중포를 개발하고 이를 대량 배치했는데, 이는 훗날 제1차 세계대전에서 대량살상이 일어나는 원인이 된다. 육전에서의 병력소모율(소집 총수에서 사상자·포로의 비율)은 러일전쟁에서는 일본군 17%, 러시아군 18%였지만, 제1차 세계대전에서는 평균 52%까지 올라갔다. 기관총과 중포가 야전에 대량 투입되어 살상력이 크게 증가했기 때문이다.

러일전쟁이 일어나기 전인 19세기 후반에 소총의 사정거리는 2,000미터 이상으로 늘어나 야포(野砲, 야전에서 사용하며 기동성을 중시하는 구경 70밀리 전후의 대포)에 필적하게 되었다. 당시 야전에서 사용하는 대포는 지상에 떨어진 다음에 작렬하는 '유탄(榴彈)'보다 공중에서 작렬해 작은 탄자를 지상에 비처럼 퍼붓는 '유산탄(榴散彈)'을 포탄으로 주로 사용했다. 결국 유산탄도, 보병의 소총도 조그마한 탄자를 통해 적을 살상한다는 점에서는 같으며 소총의 사정거리가 야포와 비슷해짐에 따라 야포의 역할이 저하되었다는 생각이 퍼지게 되었다. 그러나 소총보다 한발 늦긴 했지만, 야포도 후장식으로 바뀌고 선조(旋條)[11]가 생겨 사정거리가 5,000미터 이상으로 늘어났다. 또 러일전쟁을 계기로 이제껏 공성전에서나 쓰던 둔중한 중포를 야전에서도 쓰게 되었는데, 이로써 살상력이 약한 유산탄 대신 파괴력이 비약적으로 향상된 유탄이 포탄으로 쓰이게 되었다. 그 결과, 서구 열강은 대포의 역할을 재평가하게 되었고, 포병은 육전의 주역, 즉 결승병과(決勝兵科)라는 생각이 퍼지게 되었다.

러일전쟁 전 기간(19개월간)을 통해 일본군은 약 105만 발의 포탄을 사용했지만, 제1차 세계대전에서는 1~2주일간 벌어진 한 번의 회전(會戰)에서 한쪽이 100만 발이 넘는 포탄을 사용하는 경우도 드물지 않았다. 러일전쟁의 봉천(奉天)회전에서도 일본군의 야포 한 문이 하루 동안 사격한 포탄 수는 평균 30발 정도였지만, 제1차 세계대전의 솜전투, 베르덩전투의 공방전에서는 이것이 하루에 1,000발을 넘기도 했다. 불과 10년 사이 포병은 전장의 주역이 되었는데, 그 시작을 만든 것이 바로 러일전쟁이었다.

---

11 내부의 나선형 홈으로 강선(腔線)이라고도 한다.

서구 열강이 러일전쟁의 해전에서 배운 것

러일전쟁의 해전, 특히 1905년 5월의 동해해전[12]은 결과적으로 세계 각국의 해군 무기체계·전술의 대혁신을 불러일으켰다. 동해해전은 1만 톤이 넘는 강철제 주력함이라 할지라도 포탄으로 격침시킬 수 있다는 것을 처음으로 증명했다. 이로써 세계 각국의 해군 내에서 벌어지고 있던 '포격인가 충격인가'의 논쟁은 완전히 끝이 났다. 러일전쟁이 일어나기 전까지 세계 각국의 해군에서는 충격(군함 함수〔艦首〕의 단단한 부분으로 상대 군함과 충돌함)이 효과적인지 아니면 대포에 의한 포격이 효과적인지, 과연 포격만으로 강력한 방어력을 갖춘 전함을 침몰시킬 수 있는지에 대한 논쟁이 있었다. 그래서 일본 해군의 미카사 등의 전함에도 충돌용 충각(衝角)[13]이 설치되어 있었다. 청일전쟁 당시 황해해전에서 일본 함대는 포격으로 싸웠고(상대 군함을 격침하기 위한 포격이 아닌 인원을 살상하기 위한 포격이긴 했지만), 청국 함대는 충격으로 싸웠다. 청일전쟁에서는 대형 군함이 포격으로 가라앉지 않는 경우도 있었고, 포격이냐 충격이냐의 논쟁이 아직 끝나지 않았던 시기였다.

러일전쟁 당시 해전의 주역이었던 전함은 배수량 1만 2,000톤에서 1만 5,000톤, 구경 12인치(30센티) 주포를 4문(전부와 후부의 포탑에

---

12 일본에서는 일본해해전이라고 부름.
13 군함의 함수에 다는 강력한 쇠붙이.

2문씩), 6인치(15센티) 전후의 부포(副砲)를 현측(舷側)[14]에 다수 장착하는 것이 표준형이었다. 가령 일본 연합함대의 기함(旗艦) 미카사(1902년 3월 기공)는 배수량 1만 5,140톤으로 30센티 포 4문을 중심선 상에, 15센티 포 14문을 현측에 장착하고 있었다. 구경 30센티의 거대한 포는 명백히 적의 함정을 격침하기 위한 것이었지만, 다수를 차지하는 15센티 포는 함정의 격침보다는 승조원의 살상을 노린 것이었다. 이런 타입의 전함은 본래 다수의 포탄을 적의 함정에 퍼부어 전투능력을 상실하게 하고 가능하다면 격침시키는 한편, 상황에 따라서는 충각을 사용해 결판을 내는 것도 고려해 건조되었다.

그러나 동해해전에서는 1901년 이후 완성된 러시아 함대의 신형 전함 5척 중 4척이 일본 함대의 포격만으로 침몰했다. 러일전쟁으로 함정의 대형화·중장갑화·거포 탑재야말로 해전의 승리를 결정짓는다는 교훈이 성립한 것이다. 이 교훈을 재빨리 활용하고 이후 열강의 건함경쟁을 이끈 나라가 바로 영국이다. 영국은 부포를 폐지하고 12인치 포 10문을 탑재한 드레드노트(Dreadnought)급, 일명 노급(弩級) 전함을 1905년 10월에 기공했다. 워싱턴회의 때까지 계속된 세계적인 건함경쟁의 시대는 러일전쟁으로 인해 시작된 셈이다.

---

14 배의 측면.

러일전쟁은 일본군을 어떻게 변화시켰는가

육군 - 화력주의에서 백병주의로

러일전쟁 이전 일본 육군은 독일식 화력주의를 군사사상으로 채택하고 있었다. 구(舊) 무사계급 출신인 일본 육군의 직업군인들도 세이난(西南)전쟁[15]·청일전쟁을 통해 보병의 소총 화력과 포병의 지원사격이 총검과 칼을 이용한 백병(白兵)공격보다 우월하다는 것을 인식하고 있었다.

일본에서는 보신(戊辰)전쟁[16]이래 백병공격이 지상 전투의 최종

---

15 1877년에 일어난 최대 규모이자 최후의 사족(사무라이) 반란이다. 가고시마 일대에서 사이고 다카모리(西鄕隆盛, 1827~1877년)를 맹주로 하여 일어났다. 반란은 정부군에 의해 진압되었고, 메이지유신의 주역으로서 유신삼걸(維新三傑) 중 한 명으로 꼽히던 사이고는 반란의 실패로 자결했다. 세이난전쟁을 끝으로 지방, 그리고 사족의 무력 저항은 종식되었고 메이지유신 정부는 권력의 기틀을 다지게 되었다.

16 1868년과 1869년에 걸쳐 일본 각지에서 벌어진 신(新)정부군과 구(舊) 막부 세력 사이에서 일어난 내란이다. 이 전쟁에서 신(新)정부군이 승리함으로써 메이지유신 정부는 구 막부세력을 일소하고 통일 정부를 수립할 수 있게 되었다.

도쿄 우에노 공원의 사이고 다카모리 동상 유신삼걸의 한 명이지만, 메이지 정부와 대립하다 가 비극적인 죽음을 맞았다. 그의 인기는 오늘날에도 매우 높다.

결판을 내는 것이라고 보는 견해가 우세했다. 그러나 실전에서 백 병전술이 효력을 발휘했던 것은 세이난전쟁 초까지였다. 칼을 빼 어 들고 돌격하는 사이고(西鄕)군의 공격 자체는 탄환이 떨어져서 어쩔 수 없이 행하는 것이었지만, 정부군도 초기에는 이에 대항해 경시청 발도대(拔刀隊)의 백병돌격에 의지해야만 했다. 그러나 칼 을 빼어 들고 돌격하는 전법은 전쟁 시작 1개월 뒤 과거 유물이 되 어버렸다. 정부군은 전장식 엔필드(Enfield) 총을 후장식 스나이더 (Snider) 총으로 교체한 상태였다. 스나이더 총은 자세를 바꾸지 않 고 검을 꽂은 상태에서 사격할 수 있었기에 칼을 빼어 들고 돌격하는 사이고군은 소총의 집중사격과 빽빽한 총검 앞에서 차례로 쓰러졌다. 백병돌격의 우위성은 소총 화력에 의해 무너졌던 것이다. 이것은 일본 육군이 독일식 화력주의 군사사상을 받아들이는 계기가 되었다.

그 후 일본 육군 내에서 프로이센·프랑스전쟁에서 승리한 독일 군사학의 영향력은 압도적인 것이 되었다. 청일전쟁 이후 1898년에 개정된 『보병조전(步兵操典, 조전은 전투의 원칙·방법을 정리한 교칙서)』은 기본적으로 독일 육군의 1888년도판 『보병조전』을 모방한 것이다(물론 엄밀하게 말하자면 1888년도판을 모방한 것은 1891년도판 『보병조전』이고, 1898년도판은 청일전쟁에서의 경험을 가지고 1891년도판을 다소 개정한 것이다. 둘 다 독일식 화력주의를 관철한 것이라는 점에서는 거의 차이가 없다). 독일의 1888년도판 『보병조전』은 프로이센·프랑스전쟁의 교훈을 따라 만들어진 것으로 포병과 소총 화력을 한 곳에 집중함으로써 보병의 접근 전투(총검돌격) 이전에 승패를 결정하려는 이제껏 볼 수 없었던 화력주의 조전이었다.

일본 육군은 이러한 군사사상을 받아들였을 뿐만 아니라 전략·전술의 기본을 '몰트케 직역(몰트케는 프로이센·프랑스전쟁 당시 독일의 참모총장)'이라고 할 정도로 독일식으로 깔아놓았다. 러일전쟁 초기에 영국의 관전무관 해밀턴 중장이 일본 육군의 압록강 도하작전을 보고 '순전한 독일식'이라고 평한 것도 이러한 맥락이다(ハミルトン, 「大阪新報社編輯局訳」, 『日露戦役観戦雑記摘訳』上, 83~84쪽). 그러나

러일전쟁을 치른 뒤 일본 육군의 군사사상은 커다란 전환을 맞이하게 된다. 바로 화력주의에서 보병중심·백병주의로의 전환이다.

백병주의로의 전환 요인

일본 육군의 군사사상은 왜 러일전쟁을 거치면서 화력주의에서 백병주의, 그리고 보병중심주의·포병경시로 바뀌었는가. 러일전쟁으로 화력주의의 강화, 포병의 중요성을 배운 서구 육군과 완전히 정반대의 결론이 도출된 이유는 무엇일까? 그 원인은 대략 세 가지로 생각해 볼 수 있다.

첫째, 결정적인 요인으로서 포탄과 소총탄의 부족으로 화력주의를 관철할 수 없었기 때문이다. 일본이 가진 공업력은 육군의 작전에 근본적인 제약을 가했다. 육군성은 개전 전인 1903년 겨울부터 도쿄·오사카의 포병공창에 철야로 총탄과 포탄을 제조하도록 지시하고, 개전 이후에는 가능한 범위 내에서 민간공장까지 동원했지만 전장의 탄약 소모량을 따라갈 수가 없었다. 예를 들어 1904년 5월의 남산(南山)전투에서 일본군은 2일간 3만 발의 포탄을 소모했지만, 이것은 개전 전 예측 소모량의 반년 치, 포탄 생산량으로는 3개월 치에 해당하는 양이었다. 개전 반년 후인 8월의 여순(旅順) 제1차 총공격, 9월의 요양(遼陽) 공략 즈음에는 포탄이 거의 바닥나 있었고, 육군은 급히 독일의 크루프사와 영국의 암스트롱사에 45만 발의 포탄을 발주해야 했다. 이것은 전쟁 전체 포탄 소모량의 43%에 해당하는 양이었다. 발주 분량은 12월 이후에 도착하기로 예정되어 있었기 때문에 포탄이 준비되기 전까지는 대규모 군사작전이 불가능했다. 또한, 소총탄도 남산전투로 인해 조기에 바닥이 나서 6월의 득리사(得利寺)전투에서는 러시아군과 투석으로 싸워야 할 지경이었다.

둘째, 포병 운용의 근본적인 문제이다. 일본 육군은 평탄한 곳에서의 회전, 그리고 요새전에서도 유산탄을 많이 사용했다. 소비된 포탄의 종류별 비율을 보면 유탄 1발에 유산탄 6발이었다(陸上自衛隊富士学校特科隊, 『日本砲兵史』, 37쪽). 전장에서는 유산탄보다 유탄의 보급을 원했지만 육군 중앙은 본격적인 야전과 요새전의 실태를 파악하지 못하고 있었다. 그래서 보급과 외국 발주에서의 유산탄 편중은 전쟁이 끝날 때까지 바뀌지 않았다. 이로 인해 일본군은 여순 공략전에서 효과 없는 유산탄 포격을 반복했고, 덕분에 보병은 막대한 희생을 치르게 되었다. 그 결과, 전중(戰中)과 전후에 걸쳐 포병에 대한 불신감은 결정적인 것이 되었다.

셋째, 프랑스식 백병주의를 채택하고 있던 러시아군이 여러 차례 백병전을 걸어왔던 것과 포탄에 의한 러시아군의 피해가 비교적 적었던 것 등 백병주의로의 전환을 촉발한 요인이 몇 가지 있었다. 러시아군 부상자 중 포탄에 의한 부상자는 약 14%로 보고되었는데, 일본 육군의 수뇌부 중에는 막대한 비용을 소모하면서도 예상 외로 타격력이 낮은 포병에 대해 불만을 표시하는 사람도 많았다.

'일본식 전법'의 성립

러일전쟁은 일본군의 승리로 끝났다. 그러나 전후 일본 육군의 군사사상은 유연성을 잃은 상태로 굳어져 간다. 세계 최대, 세계 최강이라고 여겨지던 러시아 육군을 이긴 것이 전략·전술에서의 갖가지 실패를 지워버렸던 것이다.

전중과 전후를 통해 일본 육군 내에서는 관철되지 못했던 화력주의에 대한 불신감이 고조되었다. 반면 결과적으로 성과를 올렸던 백병돌격에 대한 신뢰는 결정적인 것이 되었다. 외국의 군사사상을 흡수하던 적극성은 사라지고 이제 일본 육군은 러일전쟁의 '교훈'에 기초한 '황국독특(皇國獨特)'의 군사학, 즉 '일본식 전법'의 확립을 추구하게 된 것이다. 이것이 러일전쟁을 기점으로 한 변화이다.

'일본식 전법' 확립을 위한 조전의 개정은 1909(메이지 42)년의 『보병조전』을 시작으로 1910년의 『야포병조전』, 『치중병조전』, 1912년의 『기병조전』으로 확대되었다. 이렇게 기존의 독일식 화력주의는 일거에 청산되었고 백병주의가 강조되었다. 예를 들어 『보병조전』의 「개정이유서」는 '백병으로 최후의 승패를 가르는 것'이라고 하면서 백병과 사격의 관계를 다음과 같이 표현하였다.

보병의 전투주의는 백병(白兵)이며, 사격은 백병을 사용하기 위해 적에게 근접하는 하나의 수단이라는 것을 개정조전(改正操典)은 명료하게 밝히고 있다. 예로부터 우리나라의 전투법은 …… 백병주의이며 백병을 사용함은 우리나라의 독특한 묘기(妙技)이다. 고로 점점 이 장점을 발휘하여 백병전투의 숙달을 꾀하는 것은 우리나라 국민의 성격에 적합하며 장래의 전투에 대한 묘결(妙決)이기 때문에 …… 여기에 힘쓰는 것이 매우 중요하다(防衛庁防衛研修所戦史室,『関東軍(1)·戦史叢書27』, 31쪽).

여기서는 사격이 '백병을 사용하기 위해 적에게 근접하는 하나의 수단'이라고 되어 있고, 백병주의야말로 '예로부터 우리나라의 전투법', '우리나라의 독특한 묘기', '우리나라 국민의 성격에 적합'한 것이라고 크게 칭찬하고 있다. 물론 이 경우의 '백병'이라 함은 칼과 창이 아닌 보병의 총검돌격을 가리킨다. 개정 이전의 1898년도판 『보병조전』은 "보병전투는 화력으로써 결승하는 것을 원칙으로 한다"고 하면서 "대저 근거리에서 목표를 향해 우세한 사격을 집중시킬 때, 돌격은 적병이 이미 후퇴했거나 빈약하게 방어된 진지를 향해서만 행한다"고 규정하고 있다. 여기서는 백병전을 거의 상정하지 않는다. 이와 비교하면 1909년도판 『보병조전』이 얼마나 크게 달라졌는지 알 수 있다.

러일전쟁 후에 '일본식 전법'으로 확립된 보병의 총검돌격지상주의 군사사상은 이후 아시아·태평양전쟁에 이르기까지 기본적으로 일본 육군을 규정하게 된다.

해군 - 동해해전이 초래한 결과

러일전쟁에서의 동해해전(1905년 5월 27일, 28일)은 해전 사상 드물게 나타나는 일방적인 전투였다. 대한해협으로 출동한 일본의 연합함대는 전함 4척·장갑순양함 8척을 기간으로 수뢰정 41척을 포함해서 모두 90척의 전투함정에 10인치 이상의 대포 24문을 보유하고 있었고, 공격하러 오는 러시아의 발틱함대는 전함 8척·장갑순양함 3척을 기간으로 모두 29척의 전투함정에 10인치 이상의 대포 33문을 보유하고 있었다.

러시아 함대는 해전의 주역인 기간병력·거포의 수에서 다소 우위에 있었다. 그러나 함대 내에 신구(新舊)함이 잡다하게 섞여 있었고 중(中)구경포의 수, 발사 간격 시간 등의 종합적인 포 전력에서 일본 함대에 뒤떨어졌다. 일본 함대는 대포의 발사속도에서 우세했으며, 함교에서 오는 포술장(砲術長)의 지시와 명령에 따라 각 함이 일제히 사격을 단행했다. 반면 러시아 함대는 각 대포가 따로따로 사격을 단행했기 때문에 탄착의 확인, 사격 데이터 수정에서 차

이가 생겼고 이는 명중률의 차이로 나타났다. 또한, 쌍방 신예 전함의 현측 방어력을 비교해 보면, 러시아 전함 보로디노(1904년 8월 완성)의 경우 장갑 152밀리 이상의 부분이 17%, 152밀리 미만의 부분이 31%, 장갑이 없는 부분이 52%이지만, 일본 함대의 미카사의 경우(1902년 3월 완성) 그 비율이 각각 29%, 40%, 31%였다(I·I·ロストーノフ編·及川朝雄訳, 『ソ連から見た日露戦争』, 344쪽). 확실히 일본의 중장갑과 방어력이 우세했던 것이다. 속력에서도 일본 함대의 전함과 장갑순양함의 평균 속력이 19노트였던 반면, 구식 함을 포함하고 있던 러시아 함대는 16.6노트였다(바로 앞의 책 340쪽). 함대 전체를 보아도 평균 속력이 일본은 18노트, 러시아는 15노트였다(外山三郎, 『日清·日露·大東亜海戦史』, 265쪽). 종합적인 포 전력·방어력·속력에서 우위에 있었던 일본은 통일된 함대 운동으로 전술에서도 러시아 함대를 압도했고, 러시아 함대는 하룻밤과 하룻낮 동안 전함 6척을 포함해 모두 19척의 함정이 격침되었다. 그중에서 포격으로 침몰한 것이 전함 5척·순양함 3척·구축함 3척이며, 수뢰정의 어뢰공격으로 침몰한 것이 전함 1척·장갑해방함(裝甲海防艦) 1척이었다(앞의 책, 『ソ連から見た日露戦争』, 353쪽).

그러나 완벽하다고 일컬어지는 동해해전의 승리는 러일전쟁 이후 일본 해군의 전략·전술사상의 교조화, 교육의 경직화를 초래했다. 동해해전은 이상적인 전투로서 절대화되었고, 어떠한 상황에서도 동해해전의 승리를 재현하는 것이 해군의 사명이라는 생각이 해군을 지배하게 되었다.

전술지상주의와 대함거포주의의 확립

동해해전은 일본 해군에 있어서 완전무결한 전술의 모범으로 절대화되었다. 전쟁 직후, 해전을 검토하던 해군대학교에서는 교관과 학생 모두 해전을 지휘하던 당사자들이었다. 당시 해군대학교의 교관이 된 인사는 연합함대 작전참모 아키야마 사네유키(秋山眞之, 1868~1918년), 제2함대 작전참모 사토 데쓰타로(佐藤鉄太郎, 1866~1942년), 제4구축대사령 스즈키 간타로(鈴木貫太郎, 1867~1948년) 등이었고, 학생이 된 인사는 각 함대의 참모·포술장·구축함장 등으로 활약했던 선임 대위와 소좌(소령에 해당)급이었다. 그중에는 사토 데쓰타로와 같이 개인적으로는 동해해전이 완전무결한 것이 아니라고 생각하는 사람도 있었는데, 실제로 사토는 연합함대의 사령장관(司令長官)이었던 도고 헤이하치로(東郷平八郎, 1847~1934년)[17]의 함대 지휘의 잘못된 부분에 대해 완곡하게 비판했다. 그럼에도 해전

---

17 동해해전에서 러시아의 발틱함대를 격파해 일본의 국민적 영웅이 되었다. 전쟁 후에도 존경을 받으며 해군군령부장(海軍軍令部長)을 거쳐 원수에 오르는 등 해군에서 절대적인 존재가 되었다. 해군의 장로로서 그의 존재감은 매우 컸는데, 1930년의 런던해군축조약에서는 강경파를 지지하며 미국·영국과의 타협에 우려를 표명하기도 했다.

미카사 함교의 정경 미카사함에서 전투를 지휘하는 도고 헤이하치로(중앙의 인물). 동해해전의 승리로 도고는 국민적인 영웅이 되었고, 근대 일본은 이 승리를 오랫동안 기억했다. 위 그림은 전쟁 화가 도조 쇼타로(東城鉦太郎)의 작품이다.

과 전쟁 자체에 대한 냉정한 분석은 이루어지지 않았다.

함대전투의 지침이 된 「해전요무령(海戰要務令)」은 1910(메이지 43)년에 개정되었고, 여기에서 동해해전의 교훈이 반영되었다. 즉, 선제와 집중을 통한 일대 함대결전이야말로 전투의 핵심이라는 발상에서 정자전법(丁字戰法, 적 함대의 진로 전방을 일렬종대로 막는 것)을 이용해 포탄을 적의 선두함에 집중시키는 것, 지휘관이 있는 기함(旗艦)을 선두로 하는 단종진(單縱陣, 각 함 일렬종대)의 동항전(同航戰, 같은 방향으로 평행으로 항해하면서 포를 쏘는 것), 수뢰정을 이용한 잔

존병력 소탕 등의 전술이 정식화된 것이다. 동해해전이 대승리였던 만큼 이것이 전술의 모범으로서 중요시되는 것은 당연한 일이다. 문제는 전후에도 "편안함으로 피곤한 적을 기다린다(逸を以て労を待つ, 용의주도한 정예부대를 이끌고 피곤한 적을 기다려 격파한다)."라는 동해해전식의 전략·전술이 절대화되었다는 점에 있다. 이 때문에 일본 해군은 전보다 더욱 전술지상주의의 군사사상을 고집하게 된다. 해군에 있어서 전쟁은 단 한 번의 함대결전에서 승리하는 것이며, 함대결전의 승리는 전술과 포 전력의 우월을 의미했다. 이것은 전술적인 승리(바다의 전투에서 승리하는 것)를 군사전략과 국가전략보다 우선시하는 것, 모든 것을 전술적인 차원에서 함대결전의 시나리오로 생각하는 습관을 해군 군인들에게 심어주었다.

러일전쟁 이후 일본 해군의 군사사상은 동해해전의 재현을 원칙으로 하는 경직된 것이었지만, 그래도 육군의 백병주의처럼 기술과 물질을 경시하는 정도까지는 이르지 않았다. 해전은 육전보다 무기와 무기의 대결이라는 요소가 강하고, 승패는 기본적으로 함정의 성능에 좌우되는 것이라는 생각이 있었기 때문이다. 또한, 해군은 육군과는 달리 '현상유지' 노선의 선택이 있을 수 없었다. 일본 해군의 전술지상주의사상은 다른 나라보다 조금이라도 더 강력한 함정을 보유하는 것을 추구하게 했고, 이 때문에 일본 해군은 러일전쟁 이후의 세계적인 건함경쟁(전함의 건조경쟁) 속에서, 대함거포주의의 실천자로서 서구 해군을 따라 잡기 위해 전력을 쏟아 붓게 된다.

러일전쟁과 '일본식' 군사사상

러일전쟁의 결과, 일본은 한반도에서의 '우월권'을 확립함과 동시에 남만주철도(만철)를 러시아로부터 획득해 '만주' 진출의 교두보를 확보했다. 그리고 사할린 남부도 할양받아 영토를 넓혔다. 일본은 대러시아 전략을 토대로, 청일·러일전쟁을 통해 대외팽창을 이루고 아시아의 다른 민족을 지배하게 된 셈이다.

청일·러일전쟁은 일본을 세계적인 군사강국으로 끌어올렸다. 그러나 한편으로는 새로운 팽창주의에 박차를 가했고, 군부의 정치적 발언권을 강화시켰으며(군부의 정치세력화와 자립화), 훗날 쇼와(昭和) 시기의 전쟁과 군인들의 행동을 규정짓는 '일본식' 군사사상을 확립시켰다고 볼 수 있다. 그 후 러일전쟁부터 제1차 세계대전까지의 세계적인 군비확장기, 제1차 세계대전 후부터 1930년 전반까지의 세계적인 '군축기', 그리고 무(無)조약 시대부터 제2차 세계대전까지의 대규모 군비확장기에 일본의 육해군도 세계적인 추세에 맞추어 군비확장·'군축'·군비확장의 길을 걷게 되는데, 그 와중에도 러일전쟁에서 확립된 '일본식' 군사사상은 일관되게 일본 육해군의 행동을 규정지었다.

러일전쟁 이후 일본 육군은 러시아(소련) 육군을 가상의 적으로 규정하고 보병중심·백병주의에 기초해 부대의 편성, 무기개발, 인원배치를 단행했다. 결국, 보병부대의 백병(총검)돌격은 전투의 최종 승패를 가르는 것으로 간주되었고, 그 외의 부대(포병·기병 등)는 전장에서 보병의 백병돌격을 지원한다는 가정하에 편성되었다. 그래서 대포·전차·항공기 등의 무기도 보병전투의 지원을 최우선으로 해서 개발되었다.

한편, 일본 해군은 미 해군을 가상의 적으로 규정하고 전술지상주의(함대결전주의)에 기초해 세계적인 군비확장·군축에 대응해 나가게 된다. 모든 함대·함정은 단 한 번의 함대결전에서 승리하기 위해, 다시 말해 주력함(신예 전함)의 주포전(主砲戰)을 승리로 이끌기 위해 역할이 분담되었다. 나중에 발달한 잠수함, 1만 톤급 순양함, 항공기도 기본적으로는 전함의 결전을 지원하기 위한 발상에서 개발·훈련되었다.

육군의 '보병중심·백병주의', 해군의 '대함거포·함대결전주의'는 러일전쟁 이후의 군비확장·군축을 이해하는 키워드이다. 그리고 제1차 세계대전 이후에는 또 하나의 군사사상으로서, 일본 특유의 '항공주병론(航空主兵論)'이 해군 내에서 형성된다.

「제국국방방침」의 결정

러일전쟁 이후인 1907(메이지 40)년 4월 4일, 메이지 천황은 정부·군부가 상주한 「제국국방방침(帝國國防方針)」과 「제국군용병강령

(帝國軍用兵綱領)」을 재가했다. 「제국국방방침」은 일본의 군사전략의 기본계획과 군사력 건설의 목표를 정한 것으로서 군 수뇌부가 정리한 안을 정부가 '최고국책'으로 인정한 것이다. 「제국군용병강령」은 작전계획의 대강인데, 정부가 국가전략을 명시하고 군부가 이것을 실현하기 위해 군사전략·병력량을 결정하는 것이 아니라, 군부가 우선 가상적국과 군사전략, 그리고 필요한 병력량을 결정한 다음 정부가 이를 승인하도록 요구하는 방식이다. 이것은 러일전쟁의 승리로 인한 군부의 지위 향상·발언권의 강화가 반영된 것으로, 이후 군사전략이 국가전략을 끌고 나가는 단서가 된다. 「제국국방방침」은 천황과 군 수뇌부 이외에 내각총리대신에게만 열람이 허용되는 최고 기밀이었고, 세계정세의 변화에 대응해 3차례에 걸쳐 개정되었으며(표 5), 이후 군부의 군비확장·예산획득을 위한 가장 강력한 무기가 되었다.

1907년에 처음 작성된 「제국국방방침」은 우선 "제국국방의 본의 (本義)는 자위(自衛)를 취지로 하고 국리국권(國利國權)을 옹호하며 개국진취(開國進取)의 국시(國是)를 관철하는 데 있다."라고 되어 있다. 다음으로 "국력을 고려하여 힘써 작전초동(作戰初動)의 위력을 강대하게 하고 속전속결을 주의(主義)로 한다."라고 되어 있다(防衛庁防衛研修所戦史室, 『大本営陸軍部〔1〕·戦史叢書8』, 159쪽). '자위'가 '주권선(국경선)'의 방어가 아닌 그 외곽에 설정된 '이익선(세력권)'의 방어를 가리킨다는 것은 당시 국가·군부 지도자들의 공통된 인식이었다. 또한 "국력을 고려하여"라는 것은 결국 일본의 국력이 충분치 못하기 때문에 '속전속결(단기결전)'로 승부를 내야 한다는 것인데 이것은 확실히 탄약 부족·전쟁비용 부족으로 고심하던 러일전쟁의 경험에서 나온 것이었다.

또한 「제국국방방침」은 러시아를 제1의 가상적국으로 규정하고, 다음으로 아시아에 식민지·군사 거점을 보유한 미국, 독일, 프랑스에 대비하는 것을 명시하면서 '제국국방에 필요한 병력'으로 육군은 평시 25개 사단(전시 50개 사단), 해군은 8·8함대(8년 미만의 전함 8척, 장갑순양함 8척)를 명시하고 있다. 러일전쟁의 종결 시점에서 육군은 17개 사단, 해군은 전함 4척·장갑순양함 8척(12척의 총배수량은 13만 1,800톤)을 보유하고 있었다. 따라서 「제국국방방침」은 일본군의 기간전력을 양적으로 육군은 1.5배, 그리고 해군은 (군함의 대함거포화를 추진하면서) 주력함의 수를 12척에서 16척으로 1.3배, 총배수량은 2배로 늘리는 것을 목표로 한 셈이다.

	1907년 (메이지40년)개정	1918년 (다이쇼7년) 개정	1923년 (다이쇼12년)개정	1936년 (쇼와11년) 개정
국방 방침	공세•속전즉결	공세•속전즉결	공세•속전즉결	공세•초동작전 중시,장기전에도 대비
가상 적국	제1은 러시아, 미국•독일•프랑스에도 대비함	러시아•미국•중국의 순으로 대비함	제1은 미국, 소련•중국에도 대비함	미국•소련을 목표로 하고, 중국•영국에도 대비함
소요병력 / 육군	평시 25개 사단 전시 50개 사단	전시 40개 사단	작전초동병력 40개 사단	작전초동병력 50개 사단을 기간으로 함. 항공 140개 중대
소요병력 / 해군	함령 8년 미만의 전함8 장갑순양함8	함령 8년 미만의 전함8+8 순양전함8	주력부대 주력함(전함)9 항모(항공모함)3 순양함40	주력부대 주력함(전함)12 항모10 순양함28 기지항공병력65대(隊)
용병 강령	대(對)러시아: 만주•우수리 방면에서의 작전을 상정	대러시아:바이칼호 이동의 요역(要城)을 점령. 대미국:함대를 요격,루손 섬을 공략.	공세를 본령으로 함. 대미국:함대를 요격, 루손 섬을 공략. 대소련:바이칼호 이동의 요역을 점령.	선제•공세•속전속결을 본령으로 함. 대소련:블라디보스토크• 바이칼을 점령. 대미국:함대를 요격,루손 섬•괌을 공략.
개정 특징		제1차 세계대전 후의 국제정세,군비확장에 대응하기 위해	워싱턴회의 후의 국제정세, 군비축소에 대응하기 위해	군축조약 실효 후의 국제정세, 군비확장에 대응하기 위해

防衛庁防衛研修所戦史室, 『大本営陸軍部(1)戦史叢書8』(朝雲新聞社, 1967)에서 작성.

육해군의 기본 작전계획

러일전쟁 이후, 일본 정부는 러시아와 러일협약을 맺고 서로의 세력권을 승인하면서 러시아와의 관계를 수복했다. 그러나 일본 육군은 러시아가 일본에 보복할 것이 확실하다고 보고 러시아와의 전쟁에 대비했다. 또 일본 해군은 러시아 해군이 약해지자 미 해군을 가상의 적으로 삼아 군비와 작전계획을 준비했다.

당시 일본군 작전계획의 기본적인 사고방식은 「제국국방방침」에 기초해서 결정된 「제국군용병강령」(줄여서 「용병강령」)을 보면 알 수 있다. 「용병강령」은 일본군 작전계획의 방침을 다음과 같이 서술하고 있다.

> 제국군의 작전은 국방방침에 기초해 육해군의 성실한 협동으로 초반부터 공세작전을 택한다. 수세작전은 정황상 어쩔 수 없는 경우에 한한다. 이를 위해서 육해군은 신속하게 적의 야전군과 주력함대를 파쇄(破碎)하고 아울러 소요 강역(疆域)을 점령한다(앞의 책, 『大本営陸軍部〔1〕·戦史叢書8』, 161쪽).

일본군 작전계획의 기본적인 사고방식은 '공세주의' 한 단어로 요약할 수 있다. 이것은 일본의 주권선 내(국경선 안), 그리고 이익선 내(국경선 밖)를 전장으로 하는 것이 아닌 더욱 바깥에서 적군을 선제공격하는 작전사상이다. 따라서 러시아에 대항하는 육군의 작전도 '항시 선제공격의 이점을 살리는 것에 주안점'을 두어 일본의 세력권인 조선·남부 만주에서 치고 나아가 주요작전을 '북부 만주 방면'에서 실행하고, 보조작전을 중국·러시아 국경지대·'남부 연해주 방면'에서 실행하게 되어 있다.

러시아에 대항하는 해군의 작전은 쓰시마(対馬) 해협을 확보하면서 '되도록 신속하게 적을 찾아서 격파하거나 블라디보스토크를 봉쇄'하게 되어 있었는데, 이것은 여순이 블라디보스토크로 바뀐 것을 빼면 기본적으로 러일전쟁과 동일한 작전계획이다. 또 미국에 대항하는 작전은 선제공격으로 '동양에 있는 적의 해상병력을 소탕하고 서태평양을 제어'하게 되어 있는데, 이는 해군이 주체가 되어 미국과의 전쟁을 수행한다는 것을 말해주고 있다. 해군의 대러시아·대미 작전은 일본의 근해에서의 결전을 상정한 것으로, 육군과는 달리 일본이 상대국 근해로 출동해서 교전을 벌이는 것은 아니었다.

「용병강령」은 육해군 둘 다 '공세주의'사상에 기초한 작전계획을 채택하고 있었지만, 같은 '공세주의'라 할지라도 성격은 조금 달랐다. 육군이 전장을 이익선 바깥으로 설정한 '능동적 공세주의'(전략·전술 둘 다 공세주의)라고 한다면, 해군은 일본 근해에서의 함대결전을 상정하고 적의 공격을 기다린 다음 적극적인 공세를 펼치는 '수동적 공세'(전략은 방어주의, 전술은 공세주의〔함대결전주의〕)라고 할 수 있다.

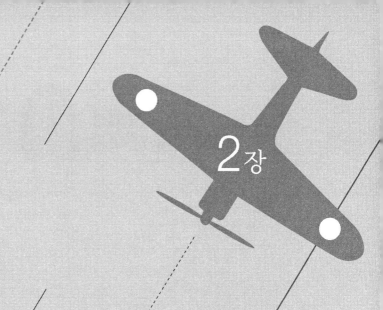

건함경쟁 시대와
일본의 군사력

러일전쟁에서 제1차 세계대전까지 01

세계적 군비확장 시대의 도래

러일전쟁에서 제1차 세계대전에 이르는 10년간은 세계적인 군비확장의 시대였다. 서구 열강은 러일전쟁의 교훈을 받아들이며 장래전(將來戰)을 위한 군비확장에 뛰어들었다. 이 시기의 군비확장은 해군력의 대규모 확장, 즉 더 크고 강력한 군함을 건조하려는 건함경쟁이라 할 수 있다. 시종일관 세계적인 건함경쟁을 이끌었던 영국은 1905년부터 1914년까지 10년 동안 국가예산의 평균 41.0%(GNP의 평균 2.71%)를 군사비에 투입했다. 영국에 이어 독일·미국·프랑스·일본도 이를 좇아 건함경쟁에 뛰어들었다.

청일전쟁 전 10년(1884~1893년) 동안 국가세출(일반회계 기준) 대비 군사비(전쟁비용인 임시군사비를 포함하지 않음) 비율은 평균 27.2%였지만, 러일전쟁 이전 10년(1894~1903년) 동안은 러시아를 겨냥한 육해군의 군비확장으로 인해 청일전쟁 중의 임시군사비(전쟁비용)를 빼고도 평균 39.0%에 달했다. 군사비가 국민총생산(GNP)에서 차지하는 비율도 청일전쟁 전에는 평균 2.27%였지만, 러일전쟁 전에는 3.93%로 크게 늘어났다(단, 여기서 청일전쟁 전의 비율은 1885년부터 1893년까지 9년간의 평균임). 러일전쟁 이후, 일본은 세계적인 건함경쟁에 뛰어들었다. 그래서 러시아와의 군사적 대립이 완화되었음에도 러일전쟁 이후부터 제1차 세계대전 이전(1906~1913년)의 8년간, 국가세출(일반회계 기준) 대비 군사비 비율은 평균 32.8%, GNP 대비로는 4.62%였다(표 2). 또한, 제1차 세계대전부터 워싱턴회의까지 미일 간의 건함경쟁 시기(1914~1921년)에는 군사비 비율이 더욱 높아져 국가세출 대비 38.9%, GNP 대비 3.70%에 달했다.

앞에서 언급한 국가세출 대비와 GNP 대비는 일반회계 내의 군사비 비율이다. 그러나 전시에는 일반회계와는 별도로 임시군사비(재원은 주로 국채)라는 전비(戰費)가 지출된다. 그러므로 임시군사비를 포함해 총군사비의 비율을 따진다면 그 비율은 더욱 커진다. 러일전쟁 후에도 제1차 세계대전의 대(對)독일작전과 시베리아 출병 등으로 임시군사비가 지출되었기 때문에 국가세출 총액에서 총군사비의 비율은 1914(다이쇼 3)년 이후 급격히 증가해서 1917년부터는 50%를 넘었으며 1919년에는 무려 64.9%에 달했다(1914년부터 1921년까지의 평균은 51.8%). 또 GNP 대비로도 임시군사비를 포함한 총군사비의 비율은 1914년부터 1921년까지 8년간 평균 4.57%라는 높은 수치를 기록했다.

러일전쟁 후의 육군력 확장

　러일전쟁 종결 시점인 1905(메이지 38)년 9월, 일본 육군은 보병 68개 연대, 기병 20개 연대, 야포(산포)병 24개 연대를 보유하고 있었고, 이들 부대를 중심으로 17개의 사단이 편성되어 있었다.

　러일전쟁 후에도 러시아의 보복을 두려워한 일본 육군은 「제국국방방침」에서 평시 25개 사단을 '소요병력'으로 정하고 면밀하게 군비확장을 추진했다(표 4). 1907년에는 대만(臺灣)의 대북(臺北)·대남(臺南)에 대만 보병 제1·제2연대를 편성함과 동시에 제17사단(주둔지는 오카야마[岡山])·제18사단(주둔지는 구루메[久留米])을 설치했다(이에 따라 보병연대 8개가 편성되었으며 군기는 다음 해인 1908년에 수여되었다). 사단의 증설에는 병영의 확보, 정원에 맞는 무기 준비, 훈련비용, 그리고 무엇보다도 1개 사단에 해당하는 1만 수천 명 장병의 급여와 생활비가 필요하다. 부대는 한 번 증설되면 이후 항구적으로 유지비가 들기 마련이다. 따라서 사단 증설은 국가재정을 압박하는 원흉으로 간주되어 의회의 반대에 부딪히기도 하며 때로는 내각의 운명을 좌우하는 커다란 문제가 되기도 했다. 1912(다이쇼 원)년 12월, 제2차 사이온지 긴모치(西園寺公望, 1849~1940년) 내각이 재정난을 이유로 육군의 2개 사단 증설 요구를 거부하자 이에 반발한 우에하라 유사쿠(上原勇作, 1856~1933년)[1] 육군대신은 유악상주(帷幄上奏)[2] 후 단독으로 사표를 제출해 내각을 총사퇴로 몰아넣었다.[3] 원래 육군대신과 참모총장 등은 군사 문제에 관해 총리대신[4]의 승인을 거치지 않고서도 천황에게 직접 상주할 수 있는 유악상주권을 가지고 있었는데, 우에하라는 이 권리를 이용해 상주(엄밀하게 말하면 상주를 통한 사표 제출)를 단행한 것이다. 이것은 군부가 대신의 사퇴를 통해 내각을 무너뜨린 선례를 만들었다. 정당세력의 군벌 비판도 있어서 사단 증설이 꼭 육군의 요구대로 진행된 것은 아니었지만 그래도 육군은 해군의 건함계획에 자극 받아 「제국국방방침」

1　2차 사이온지 내각(1911년 8월~1912년 12월)이 2개 사단 증설을 거부하자 단독으로 육군대신 직을 사퇴해 내각을 무너뜨린 것으로 유명하다. 그 후에도 교육총감(教育總監), 참모총장 등을 역임하고 원수에 오르는 등 육군에서의 지위를 굳혔다. 그를 중심으로 우에하라벌(上原閥)이라는 커다란 파벌이 형성되었는데 이들은 육군의 병력 축소·근대화를 반대하는 등 보수적인 노선을 견지했다.

2　원래는 군주제 국가에서 군부가 군사에 관한 사항을 군주에게 직접 상주하는 것이다. 독일의 영향을 받아 메이지 헌법하에 있는 일본에도 도입되었다. 처음에는 군령(軍令)기관의 장(長)인 육군의 참모총장, 해군의 군령부장(훗날의 군령부총장과 동일)이 군기(軍機)에 관한 사항을 내각을 거치지 않고 직접 천황에게 상주할 수 있었는데, 조문의 확대 해석과 적용으로 군정(軍政)기관의 장인 육군대신과 해군대신도 유악상주권을 갖게 되었다. 군대가 정치세력의 통제를 배제한다는 점에서 민주적인 입헌정치를 크게 훼손시키는 제도이다.

3　메이지 헌법하에서는 내각을 구성할 때 육군대신과 해군대신은(다른 각료들과는 달리) 각각 육군과 해군에서 지명한 사람이 취임하게 되어 있었다. 따라서 육해군이 내각을 구성하는 데 있어서 반드시 필요한 육군대신·해군대신을 지명하지 않으면 그 내각은 육군대신 또는 해군대신을 얻지 못하게 되고, 내각 자체도 존립할 수 없게 된다.

4　수상을 가리킨다.

을 근거로 한 사단 증설을 포기하지 않았다. 결국, 1916(다이쇼 5)년
에는 조선에 보병 7개 연대를 편성하고 이를 중심으로 제19사단(주
둔지는 나남〔羅南〕)을, 1919년에는 제20사단(주둔지는 용산)을 설치했
다. 그리고 육군은 포병을 경시하는 분위기 속에서도 1918년에 야
전중포병연대 6개를 편성했는데 이는 대포병전이 전개된 제1차 세
계대전에 자극 받은 것이다.

사단의 증설은 필연적으로 보병연대, 기병연대, 야포·산포병연
대의 편성을 동반한다. 이들 각 연대도 차례로 신설되어 1921년에
는 일본 육군의 규모가 21개 사단, 보병 86개 연대(그중 84개 연대가
사단에 소속), 기병 29개 연대, 야포·산포병 30개 연대로 늘어났고,
육군 정원의 총수도 약 26만 명이 되었다. 육군은 청일전쟁의 개전
시점으로부터 30년도 지나지 않아 총병력은 2배 이상, 보병연대는
3배 이상으로 팽창했고, 육군비는 항구적으로 국가세출(일반회계 기
준)의 20% 전후를 차지하게 되었다.

육군과 제1차 세계대전

제1차 세계대전은 일본 육군에 커다란 충격을 2개나 주었다. 우
선 첫 번째로 서구 열강과의 군수공업력 격차가 절망적으로 벌어진
것을 들 수 있다. 예를 들어 1917년 4월을 기준으로 각국의 일일 포

탄 생산량은 러시아 11만 발, 오스트리아 16만 발, 영국 29만 발, 프랑스 31만 발, 독일 44만 발이었지만 일본의 경우, 한 달에 10만 발 생산이 가능한 것으로 추정되었다(防衛庁防衛研修所戦史室, 『陸軍軍需動員』〔1〕·戦史叢書9』, 24쪽). 더 정확히 말하자면, 일본은 서구 열강과의 생산력의 격차를 다시금 확인한 셈이다.

또한 두 번째 충격은 '황군(皇軍)'의 '정신적 우위성'에 대한 의문이 제기된 것이다. 예를 들어 제1차 세계대전을 조사, 연구하던 육군의 임시군사조사위원회의 보고서는 다음과 같이 말하고 있다.

> 종래에는 물질적 문명의 발달과 전쟁력의 요소인 정신력이 서로 배치되어 양립할 수 없으며, 전쟁에서 물질력 이용 증가는 정신력에 대한 요구를 경감시킬 수 있다고 사람들이 곧잘 말하기도 했다. 그러나 이번 전쟁의 경과는 그것이 전혀 그렇지 않다는 것을 입증하고 있어서 사람들의 반성을 촉구하고 있다. …… 이번 전쟁에서 나타난 여러 사실은 제국이 홀로 야마토 혼(大和魂)에 심취한 채 안심하고 있는 것을 허용하지 않는다(臨時軍事調査委員会, 『参戦諸国の陸軍に就て(제5판)』〔1919년 12월〕, 41~44쪽).

즉, 물질적인 열세를 정신력의 우세로 보강한다는 러일전쟁 당시의 사고방식이 유럽에서 나타나는 물량 전쟁 앞에서도 과연 통용될 것인가 하는 우려가 일본 육군 군인들 사이에서 나타난 것이다. 이것은 물질 면에서 서구 육군의 압도적 우위가 일본 육군이 유일하게 의지하는 '제국민(帝國民) 정신력'의 우위를 위협하는 것을 의미한다. 실제로 제1차 세계대전 직후 육군의 일부에서는 이를 심각하게 받아들이며 초조해하기도 했다.

그렇다고 초조함과 위기감이 곧바로 육군 장비·편제·조직의 근대화로 연결되는 것은 아니었다. 또 러일전쟁으로 확립된 일본 육군의 보병중심·백병주의의 군사사상이 바뀐 것도 아니었다. 해군이 외국의 무기와 기술의 동향에 민감하게 반응하고 대응책을 마련했던 것과는 달리 육군은 서구처럼 물량에 의지하는 '사치스러운 싸움'은 불가능하며, 서구식 전투에 '서구식'으로 대항하는 것이 아니라 '일본식'으로 대항한다는 사고방식을 갖고 있었다. 그 구체적인 예는 군축과 함께 진행되는 군의 근대화 그리고 무기개발에서 살펴보게 될 것이다.

건함경쟁의 시대 02

건함경쟁 시대의 도래 - 마한 이론의 세계 제패

여기서는 잠시 해군력의 확장에 주목하기로 하자. 러일전쟁 후의 세계적인 군비확장은 건함경쟁이라는 특징이 두드러지게 나타나며 일본도 이 경쟁에 참여했기 때문이다.

19세기 말부터 제1차 세계대전까지의 시기, 세계적인 강국을 지향하는 서구 열강과 일본은 팽창주의정책을 추진하기 위해 전력을 다해 해군력의 건설에 착수했다. 해군력은 식민지와 세력권의 확대, 그리고 본국과 식민지 사이의 해상교통로를 확보하기 위한 힘의 표상이었기 때문이다. 당시에는 강한 해군력(특히 강력한 군함을 다수 보유하는 것)이 타국의 방해와 간섭을 배제하고 팽창주의정책을 원활하게 추진하기 위한 필수 수단으로 간주되었다.

이러한 역사적 단계에서 마한의 이론은 강대국 권력정치(Power

Politics)의 지도이념이 되었다.

미국의 해군 군인·해군 사가인 알프레드 T. 마한(Alfred T. Mahan, 1840~1914년)은 1890년에 간행된 『해상권력사론(The Influence of Sea Power upon History, 1660~1783)』[5]에서 '해상권력(Sea Power)'의 확충을 통해 제해권을 장악하는 것이야말로 팽창주의적 세계정책을 성공시키는 핵심이라고 역설했다. '해상권력'이란 마한이 만들어 낸 단어로서 해군력·조선 능력·경제력·근거지 등을 종합한 힘을 가리킨다. 『해상권력사론』은 영국의 팽창주의정책의 성공 원인을 '해상권력'의 우월성으로 설명했다. 팽창주의정책을 추진하던 영국, 독일, 미국, 프랑스, 러시아, 일본의 국가 지도자·군인들은 마한의 이론을 열렬히 받아들였다. 이리하여 19세기 말부터 세계는 마한의 이론에 기초한 건함경쟁의 시대에 돌입하게 되었다.

치열한 건함경쟁에서 언제나 주도권을 쥐고 경쟁의 선두에 섰던 나라는 영국이었다. 영국은 1889년에 '2국 표준정책'을 결정하고 세계 2위와 3위 해군력을 합한 병력(주력함의 수)을 보유하는 방침을 굳혔다. 주력함 보유량이라는 면에서 영국의 '2국 표준정책'은 제1차 세계대전 때까지 흔들림이 없었다. 영국의 이러한 정책이 반영된 최초의 중무장·중장갑 주력함이 로얄소브린(Royal Sovereign)급 전함이다. 이 전함은 배수량 1만 2,000~1만 5,000톤, 속력 18노트

---

5 한국에서는 주로 『해양력이 역사에 미치는 영향』이란 제목으로 알려져 있다.

전후, 그리고 구경 12인치(30센티) 전후의 주포 4문을 중심선상의 선회식 포탑에 장착하며, 현측에는 6인치(15센티) 정도의 중구경 속사포를 다수 배치하고 있었다. 1892년에 로얄소브린이 완성된 후 같은 급의 전함과 그 개량형 전함은 러일전쟁 때까지 세계 주력함의 기준모델이 되었다.

선두에 선 영국과 타국의 추종

한편, 건함경쟁의 주도권을 쥔 영국에 대항해 독일에서는 마한 이론에 심취한 황제 빌헬름 2세가 1897년에 티르피츠(Tirpitz)를 해군대신에 임명하며 적극적으로 해군증강 정책을 추진했다. 그리고 다음 해인 1898년 3월에 제1차 함대법이 의회에서 통과되었는데, 이것은 독일 해군이 1904년까지 전함 19척·대형 순양함 12척의 상비병력(常備兵力)을 정비하는 것을 명시하고 있었다. 이어서 1900년 6월에 승인된 제2차 함대법은 1920년까지 전함 38척·대형 순양함 14척의 상비병력을 정비하기로 되어 있었다. 제2차 함대법은 이제껏 프랑스·러시아 해군에 대항하기 위해 전력을 쏟아 붓고 있던 영국을 심각한 위기감으로 몰아넣었다(George T. Davis, *A Navy Second to None : The Development of Modern American Naval Policy*, pp.156-157). 또 미국도 1903년 독일에 대항해 '영국을 제외하고는 어떤 해군에도 뒤떨어지지 않는(Second only to Britain)' 대해군을 건설하기로 하고, 1920년까지 전함 48척·순양함 24척의 상비병력을 보유하기로 결정했다(Ibid, pp.166-168).

청일전쟁이 끝난 시점과 러일전쟁이 시작된 시점에서 각국의 주력함 보유 현황을 순위대로 나열하면 다음과 같다. 여기서 주력함은 전함과 장갑순양함을 가리키는데, 둘 다 신형, 더 정확하게는 '1등전함(first class battleship)', '1등장갑순양함(first class armoured cruiser)'을 지칭한다.

1895년	영국 53척	프랑스 32척	러시아 21척	이탈리아 18척	미국 7척
1904년	영국 66척	독일 18척	프랑스 16척	러시아 14척	일본 14척

(海軍有終会,『近世帝国海軍史要』, 854~855쪽, 861쪽을 토대로 작성)

위의 수치를 보면 영국의 '2국 표준정책'이 잘 유지되었다는 것, 그리고 불과 10년 사이에 독일과 일본의 해군력이 급성장했다는 것을 알 수 있다. 전술한 것처럼 청일전쟁 개전 당시 일본에는 세계적인 수준의 주력함이 1척도 없었다. 그러나 러일전쟁 개전 당시에는 세계적인 수준의 전함 6척, 장갑순양함 8척을 보유하고 있었다(이 중에서 전함 2척은 전쟁 중에 상실했다).

덧붙여 설명하자면 19세기 말 이후의 전함은 배수량 1만 2,000~1만 5,000톤, 12인치 전후의 주포 4문, 두꺼운 곳은 20센티 이상의 강철로 보호되며 최강의 공격력과 방어력을 가지고 있었다.

같은 시기 장갑순양함은 배수량 1만 톤 이하, 8인치(20센티) 전후의 주포 4문, 현측의 강판 두께는 15센티 정도로 공격력·방어력 면에서는 전함에 뒤떨어졌지만, 속력이 20~21노트로 전함보다 2~3노트가 빨라 함대결전 시의 지원 전력, 수뢰정의 구축, 적 상선의 소탕 등에 쓰이는 만능함이었다.

전함 드레드노트의 등장

독일·프랑스·러시아·미국·일본의 양적인 추격에 맞서 영국은 재빨리 러일전쟁의 교훈을 받아들여 군함의 일대 혁신을 일으킨다. 드레드노트급 전함(Dreadnought class battleship), 일명 노급(弩級) 전함의 등장이 그것이다. 노급 전함의 출현은 건함 역사상 하나의 '혁명'이었다. 영국 해군이 포츠머스 해군공창에서 1905년 10월에 기공해 1906년 12월에 완성한 신형 전함 드레드노트는 배수량 1만 8,110톤에, 12인치 주포 10문을 탑재하면서도 증기터빈 엔진의 채용으로 기존의 장갑순양함과 비슷한 21노트의 속력을 자랑했다. 드레드노트는 10문의 주포 중에서 8문을 좌우로 움직일 수 있었고, 6문을 일제히 전방으로 겨눌 수도 있었다. 원래 로얄소브린을 원형으로 하는 노급 이전의 전함들은 좌우로는 4문, 전방으로는 2문의 주포만 사용할 수 있었다. 그러니까 노급 전함은 좌우로는 이전의 2배, 전

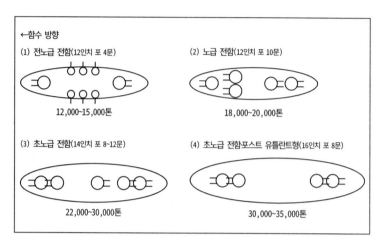

【그림2】 각 전함의 기본적인 주포 배치

방으로는 이전의 3배의 공격력을 가진 셈이다(그림2).

　드레드노트는 막대한 희생으로 건조된 각국의 주력함을 하루
아침에 '구식 함'으로 전락시켰고, 이미 추진되고 있었던 각국의 건
함계획을 좌절시켰다. 영국이 드레드노트를 기공한 1905년에 일본
이 사쓰마(薩摩)를, 1906년에는 프랑스가 당통(Danton), 일본이 아키
(安芸)를 기공했는데, 이들은 배수량에서는 드레드노트를 능가했지
만 모두 전(前)노급·준(準)노급 전함이어서, 건조 도중에 이미 '구식
함'이 되어버렸다. 사쓰마는 일본 국내(요코스카〔橫須賀〕해군공창)에
서 건조된 첫 전함으로 설계와 기공 중에는 세계 일류였지만, 1909
년 완성 후에는 신조함(新造艦)임에도 불구하고 이류 '구식 함'이 되
어 있었다.

전함 드레드노트 영국은 경쟁자를 따돌리고자 드레드노트를 건조했다. 그러나 후발 주자의 추격도 만만치 않아, 극심한 해군력 경쟁이 벌어졌다.

또한, 1905년에 일본은 기존의 전함과 비슷한 공격력(12인치 포 4문)을 가진 장갑순양함 3척, 즉 쓰쿠바(筑波), 이코마(生駒), 구라마(鞍馬)를 차례로 해군공창에서 기공했지만 모두 건조 도중 '구식함'이 되어버렸다. 이는 영국이 1906년에 인빈시블급 장갑순양함을 기공했기 때문이다(1번함 완성은 1908년). 인빈시블은 배수량 1만 7,000톤, 그리고 12인치 포 8문이라는 노급 전함에 근접한 공격력과 기존의 장갑순양함을 훨씬 능가하는 25.5노트의 고속력을 자랑했다. 인빈시블급 장갑순양함은 기존의 장갑순양함의 개념을 완전히 뒤엎는 것으로, 전함에 근접한 공격력에 기존 순양함 이상의 속력이 합쳐져 이후 '순양전함(battle cruiser)'으로 불리게 된다. 순양전함의 등장 이후 주력함이라고 하면 전함과 순양전함을 가리키게 되었다.

초노급 전함 시대로의 돌입

1905년에 영국이 노급 전함을 건조하기 시작하자 이를 재빨리 따른 것이 최대의 경쟁자 독일이었다. 독일은 영국보다 2년 정도 늦었지만 1907년에 4척의 나사우급의 노급 전함을 단숨에 건조하기 시작했고, 1908년에도 헬골란트급의 노급 전함 3척과 순양전함 2척을 기공하며 영국을 추격했다. 미국도 1907년에 델라웨어급 노급 전함 2척의 건조에 착수했고, 독일과 미국보다 2년 늦었지만 일본도 1909(메이지 42)년에 처음으로 노급 전함인 셋쓰(攝津)·가와치(河內)를 국내에서 기공했다. 1909년까지 기공된 노급 전함·순양전함의 숫자를 살펴보면 영국 14척, 독일 12척, 미국 4척(사우스캐롤라이나급의 준노급 전함을 합치면 6척), 일본 2척이었는데 독일이 영국을 추월하는 것은 시간문제인 것처럼 보였다(표 6).

【표6】 각국의 주력함의 기공 현황(1905~1915년)

C Y	영국	독일	프랑스	미국	일본
1905	BS 18,110/12×10 Dreadnought				AC②13,750/12×4 쓰쿠바·이코마 AC 14,636/12×4 구라마 BS 19,372/12×4 사쓰마
1906	BC③17,373/12×8 BS 18,800/12×10		BS18,318/12×4	BS②16,000/12×8	BS 19,800/12×4 아키
1907	BS②18,800/12×10 BS②19,560/12×10	AC 15,590/8.2×12 BS④18,570/11.1×12	BS③18,318/ 12×4	BS②20,380/12×10	AC 14,636/12×4 이부키

CY	영국	독일	프랑스	미국	일본
1908	BS 19,560/12×10 BS 19,680/12×10	BC 19,064/11.1×8 BC 22,616/11.1×10 BS③22,440/12×12	BS②18,318/ 12×4		
1909	BC 18,470/12×8 BS②20,225/12×10 BC 26,270/13.5×8 Lion BS 22,200/13.5×10 Orion	BC 22,616/11.1×10 BS 22,440/12×12 BS 24,330/12×10		BS②21,825/12×10	BS21,443/12×12 셋쓰 BS20,823/12×12 가와치
1910	BS③22,200/13.5×10 BC 26,270/13.5×8 BC②18,500/12×8	BS③24,330/12×10	BS②22,189/ 12×12	BS②26,000/12×12	
1911	BS④23,000/13.5×10 BC 26,770/13.5×8 BS 27,500/12×14 BS 22,780/13.5×10 BS 28,600/14×10	BS 24,330/12×10 BC 24,594/11.1×10 BS③25,390/12×10	BS②22,189/ 12×12	BS②27,000/14×10 Texas급	BC②26,330/14×8 곤고·히에이
1912	BS④25,000/13.5×10 BC 28,430/13.5×8 BS②27,500/15×8 퀸 엘리자베스급	BC②26,180/12×8 BS 25,390/12×10	BS③23,230/ 13.4×10	BS②27,500/14×10	BS 29,326/14×12 후소 BC②26,330/14×8 하루나·기리시마
1913	BS③27,500/15×8 BS 28,600/14×10 BS③28,000/15×8	BC 26,513/12×8 BS 28,074/15×8	BS④25,230/ 13.4×12	BS31,400/14×12	BS 29,326/14×12 야마시로
1914	BS②28,000/15×8	BS 28,074/15×8 BS 28,345/15×8	BS 25,230/ 13.4×12	BS31,400/14×12	
1915	BC②27,650/15×6 BC②19,230/15×4 BC 19,513/18×2	BS 28,345/15×8 BC④30,500/13.8×8		BS③32,000/14×12	BS②29,900/14×12 이세·히나타
합계	51척(1,187,702톤)	33척(805,441톤)	18척(394,504톤)	17척(436,210톤)	16척(362,062톤)

Conway's All the World's Fighting Ships 1906~1921(Conway Maritime Press, London, 1985)에서 작성.
함종(艦種), 기공된 숫자, 배수량톤/주포 구경인치×문 수 BS: 전함, BC: 순양전함, AC: 장갑순양함
예: BS②18,800/12×10은 전함(동급함) 2척, 배수량 18,800톤, 구경 12인치 주포 10문을 장비하고 있음을 나타냄.
일본의 주력함과 드레드노트(Dreadnought) 등의 획기적인 함에 대해서는 함명(함의 급명)을 기재함.

그런데 영국은 1909년에 독일의 맹렬한 추격을 따돌리기 위해 또 한 번 전함의 '혁신'을 일으켰다. 영국은 1909년, 13.5인치(34센티) 주포를 탑재한 라이온급 순양전함(2만 6,270톤, 주포 8문, 속력 27노트)과 오라이온급 전함(2만 2,200톤, 주포 10문, 속력 21노트)을 기공했고, 둘 다 1912년에 완성했다. 13.5인치 주포를 가진 라이온급 순양전함과 오라이온급 전함 이후의 신식 노급 전함을 통상 초노급 전함(Super dreadnought class battleship)이라고 한다. 이것은 기존의 노급 전함보다 더욱 큰 대포를 탑재하고 방어력을 강화시킨 형태였는데, 이로써 전함은 점점 더 대형화되었고 배수량도 증가했다. 1910년에도 여전히 독일은 3척, 미국은 2척, 프랑스는 2척의 노급 전함을 기공하고 있었지만(프랑스는 최초의 노급 전함), 영국은 이미 초노급의 오라이온급 전함 3척, 라이온급 순양전함 1척을 기공하며 경쟁국을 멀찌감치 추월하고 있었다.

한편, 영국이 초노급 전함의 건조에 착수했다는 소식을 들은 각국은 대응책 마련에 부심했다. 독일은 기존의 노급 전함을 방어력 강화를 위해 대형화했고, 프랑스는 노급 전함의 주포를 늘렸으며(영국의 노급 전함이 10문의 포를 장착한 것에 대해 12문으로 늘렸음), 일본과 미국은 영국보다 더욱 큰 대구경포를 탑재하는 초노급 전함의 건조를 추진했다. 본래 독일은 노급 전함의 개량·강화를 통해 영국의 초노급 전함에 대항하려 했으나 프랑스마저 1912년에 초노급 전함의 건조를 추진함에 따라 1913년에 초노급 전함의 건조에 착수했다. 이후 영국과 독일을 중심으로 하는 치열한 초노급 전함의 건조, 즉 군비경쟁은 제1차 세계대전 중인 1917년까지 계속되었다(영국과 독일 둘 다 1917년에는 신규 건조를 중단했다).

건함경쟁에 참가한 일본

러일전쟁 후 일본은 영국의 드레드노트 건조로 시작된 열강의 건함경쟁에 뛰어들었다. 이것은 일본이 주력함급 함정을 스스로 건조할 수 있게 됨에 따라 가능해진 것이었다. 러일전쟁 이전에 일본은 국내에서 주력함급 함정을 건조할 수 없었다. 러일전쟁 당시 활약했던 6척의 전함, 즉 후지·야시마·시키시마·하쓰세·아사히·미카사는 모두 영국제였고, 8척의 장갑순양함, 즉 아사마(浅間)·야쿠모(八雲)·조반(常磐)·아즈마(吾妻)·이즈모(出雲)·이와테(磐手)·가스가(春日)·닛신(日進)도 영국제 4척, 이탈리아제 2척, 프랑스제와 독일제가 각각 1척으로 이루어져 국산 주력함은 1척도 없었다. 또 러일전쟁 중인 1904년에 기공된 2척의 전함, 가토리(香取)와 가고시마(鹿島)도 영국의 암스트롱사와 비커스사에 발주, 건조된 것들이었다. 그러나 러일전쟁 중에 국내의 구레(呉)와 요코스카의 해군공창에서 주력함급 함정의 건조가 가능해졌고, 이에 따라 구레 해군공창에서는 1905년 1월에 장갑순양함 쓰쿠바를, 같은 해 3월에 장갑순양함 이코마를 기공했고, 요코스카 해군공창에서는 1905년 5월에 전함 사쓰마, 8월에 장갑순양함 구라마를 기공했다. 그리고 1906년 3월에는 구레 해군공창에서 전함 아키를 기공했다. 일본은 이제 주력함급 함정을 동시에 5척이나 건조할 수 있게 된 셈이다.

세계적인 건함경쟁에 참여할 수 있게 된 일본이었지만 경쟁의 현실은 냉혹했다. 1905년과 1906년에 건조를 시작한 2척의 전(前)노급 전함 사쓰마와 아키(12인치 포 4문과 10인치 포 12문 탑재)는 배수량에서는 세계 최대의 군함이었지만 영국이 1906년에 드레드노트를 완성함에 따라 건조 도중에 '구식 함'으로 전락했고, 1906년에 미국이 기공한 준(準)노급 전함 사우스캐롤라이나와 미시간(12인치 포 8문)에도 뒤떨어지게 되었다. 게다가 완성 시점(사쓰마는 1909년, 아키는 1911년)에서는 영국이 초노급 전함의 건조에 착수하고 있었기 때문에 2척의 배는 이류 전함이 되어버렸다. 그리고 1905년부터 1907년 사이에 기공된 장갑순양함 4척, 즉 쓰쿠바·이코마·구라마·이부키(伊吹)도 영국이 순양전함을 건조함에 따라 완성 시점인 1907~1911년에는 주력함의 대열에조차 낄 수 없는 함이 되어 있었다.

일본은 영국의 수준에 도달하고 미국을 추월하기 위해서 1909년에 노급 전함 셋쓰와 가와치를 기공한다. 이들은 전년도에 독일에서 건조가 시작된 헬골란트급의 노급 전함과 같이 12인치 포 12문을 장착하는 강력한 전함으로서, 같은 시기 영국의 콜로서스급과 미국의 플로리다급의 노급 전함(둘 다 12인치 포 10문 장착)을 능가할 것처럼 보였다. 그러나 같은 해 영국은 초노급 전함을 건조하기 시작했고, 셋쓰와 가와치가 완성된 1912년에는 라이온급 순양전함을 완성했다. 결국, 두 전함은 완성 시점에서 '구식 함'이 되었다.

대함거포의 선진국으로

세계적인 건함경쟁이 진행되는 가운데 일본은 1907(메이지 40)년의 「제국국방방침」에서 8·8함대(전함 8척·장갑순양함 8척)를 건조하기로 방침을 세웠다. 그러나 일본은 노급 전함 시대에 전노급 전함에 해당하는 사쓰마와 아키를, 순양전함이 등장한 시점에 장갑순양함을, 초노급 전함 시대에는 노급 전함 셋쓰와 가와치를 건조했다. 이른바 '구식 함'을 건조하는 패턴이 계속된 셈이다. 일본 해군은 건함경쟁에서 영국을 이길 수 있을 것이라는 생각은 하지 않았지만 적어도 미국에 대항할 수 있는 전력은 만들고자 했다. 그래서 영국과 비교해서 '구식 함'이라 할지라도 미 해군에만 뒤처지지 않는다면 아무래도 좋았던 것이다. 그러나 1905년 이후의 건함경쟁에서는 그런 미국에도 밀리게 되었다. 1905년과 1906년에 기공한 전노급 전함 사쓰마와 아키(12인치 포 4문)는 1906년에 기공한 미국의 사우스캐롤라이나급 준노급 전함(12인치 포 8문)에 비해 포 전력이 절반 정도였다. 더욱이 미국은 1907년에 델라웨어급의 노급 전함(12인치 포

10문) 2척을 기공했다. 열세를 만회하고자 일본은 1909년에 노급 전함 셋쓰와 가와치(12인치 포 12문)를 기공했고, 이렇게 일본은 미국을 앞지르는 것처럼 보였다. 그러나 다음 해인 1910년에 미국도 와이오밍급(12인치 포 12문) 2척을 기공함으로써 일본을 따라잡았는데, 방어력 면에서는 와이오밍급이 오히려 셋쓰와 가와치를 능가했다.

이러한 상황을 타개하기 위해 일본 해군은 영국의 비커스사에 발주해 1911(메이지 44)년 1월에 순양전함 곤고(金剛)를 기공한다. 일본 해군은 전함 사쓰마 이후의 주력함 국산화정책을 일부 수정해서라도 세계 최고 수준의 주력함을 확보하려 한 것이다. 곤고는 일본 해군이 외국에 주문한 마지막 전함이 되었다. 곤고는 기공된 당시, 세계 최초로 14인치(36센티) 주포 8문을 탑재한 세계 최대(배수량 2만 6,630톤), 세계 최고속(27.5노트)의 군함이었다. 곤고는 1913년 8월에 완성되었는데, 크기 면에서는 같은 달에 완성된 영국의 순양전함 퀸메리(2만 6,770톤)에 조금 못 미쳤고 속력은 비슷했다. 그러나 퀸메리가 13.5인치 포 8문을 탑재한 데 비해 곤고는 14인치 주포를 탑재한 세계 유일의 주력함이었다. 일본은 거포주의의 최선진국이 되었으며 곤고급 순양전함 이후에도 국내에서 히에이(比叡) · 하루나(榛名) · 기리시마(霧島) 3척을 건조했다. 하지만 곤고가 14인치 포 8문을 탑재한 세계 최강의 자리에 있었던 기간은 7개월에 불과했다. 1914년 3월에 14인치 포 10문을 탑재한 미국의 전함 텍사스가 완성되었기 때문이다. 결국, 세계 최강의 주력함이라는 타이틀은 다시 미국에 빼앗겼다.

제1차 세계대전과 해군력

제1차 세계대전의 개전

대함거포주의는 보다 큰 대포를 더욱 많이 탑재하는 것을 지향한다. 이것은 건함경쟁의 기본사상이 되었고, 이러한 사상에 토대를 둔 건함경쟁은 제1차 세계대전을 앞두고 더욱 격화되었다. 그러나 함정의 대형화와 여기에 수반하는 초노급 주력함(구경 13.5인치 이상의 주포를 탑재한 전함·순양전함)의 건조에는 막대한 자금과 시간이 소요되었다. 최고의 건함 기술과 공업력을 갖춘 영국조차 초노급 전함 건조에 2년 이상, 때로는 3년 가까이 걸렸다. 미국은 전함 텍사스의 건조까지 36개월, 일본은 곤고급 2번함인 히에이의 건조까지 33개월이 걸렸다. 1914년 7월 1차 세계대전이 시작되는 시점에 이미 완성되어 있던 주력함은 1911년경까지 기공된 것들이었다. 그러므로 때는 이미 초노급 전함의 시대가 되어 1909년 9월, 영국의 순양전함 라이온급의 기공 이후 초노급 주력함은 1914년 7월까지 영국 29척, 독일 3척, 프랑스 8척, 미국 6척, 일본 6척 총 52척(총 136만 2,000톤)이 기공된 상태였다. 그중에서 개전 당시 완성되어 있었던 배는 영국 13척, 미국 2척(텍사스·뉴욕), 일본 1척(곤고), 총 16척(총 39만 톤)뿐이었다.

【표7】 열강의 주력함(노급 이상) 보유 현황

	영국	독일	프랑스	미국	일본
1914년 7월 말 현재(제1차 세계대전 개전 당시)					
노급 전함	10	13	3	8	2
노급 순양전함	6	4	0	0	0
노급 합계	16	17	3	8	2
초노급 전함	10	0	0	2	0
초노급 순양전함	3	0	0	0	1
초노급 합계	13	0	0	2	1
주력함 총계	29	17	3	10	3
12인치 포 이하의 주포 합계	148	184	36	80	24
13인치 포 이상의 주포 합계	100	0	0	20	8
주포 합계	248	184	36	100	32
1918년 11월 말 현재(제1차 세계대전 종전 당시)					
노급 전함	10	16	4	8	2
노급 순양전함	4	7	0	0	0
노급 합계	14	23	4	8	2
초노급 전함	23	2	3	8	4
초노급 순양전함	7	0	0	0	4
초노급 합계	30	2	3	8	8
주력함 총계	44	25	7	16	10
12인치 포 이하의 주포 합계	136	240	48	80	24
13인치 포 이상의 주포 합계	254	16	30	88	80

주포합계	390	256	78	168	104

노급 전함은 12인치 포 10문 이상, 노급 순양전함은 12인치 포 8문 이상의 함(독일은 11.1인치 포 이상)을 기준으로 함. 또한, 미국의 노급 전함은 사우스캐롤라이나급 2척의 준노급 전함(12인치 포 8문)을 포함함. 초노급 전함과 초노급 순양전함은 13.5인치 포 이상의 주포를 가진 함(프랑스는 13.4인치 포 이상)을 기준으로 함.
Conway's All the World's Fighting Ships 1906~1921(Conway Maritime Press, London, 1985)에서 작성.

제1차 세계대전이 시작된 1914년 7월에 각국의 노급 이상의 주력함 보유 현황은 표 7과 같다. 영국의 29척에 대해 독일은 17척으로 영국은 독일의 1.7배의 주력함을 보유하고 있었다. 독일은 12인치 이하의 주포 수에서는 영국을 능가했지만, 초노급 전함의 건조 개시가 4년 늦어졌기 때문에 13인치 이상의 주포 수에서는 영국에 100대 0으로 압도된 상태였다.

제1차 세계대전에서는 글자 그대로 7개의 바다가 모두 해전의 무대가 되었다. 독일의 쾌속순양함과 가장순양함(假裝巡洋艦, 무장상선을 가리킴)은 세계 곳곳에서 신출귀몰한 통상파괴(通商破壊)작전을 전개했다. 예를 들어 순양함 엠덴(배수량 3,650톤, 10센티 포 10문, 25노트)은 개전 직후인 1914년 7월에 청도(青島, 독일의 조차지이며 군항이 있음)를 출발하여 9월부터 10월에 걸쳐 벵골만에서 통상파괴작전을 전개했는데, 여기서 상선 16척(10만 4,000톤)을 격침했고, 페낭에서는 연합국 군함 2척을 격침하기도 했다. 그 외에 마드라스의 석유탱크를 포격으로 파괴하는 등 연합군을 크게 교란시켰다. 또한, 볼프,

헤베, 그라이크, 제아들러 등 다수의 무장상선이 대서양·인도양에서 활동하며 영국 상선의 활동을 위협했다(볼프 1척이 13만 톤의 상선을 격침). 그러나 4년간의 대전 중에 노급·초노급 주력함들의 함대결전은 단 한 번밖에 없었다.

유틀란트해전의 교훈

제1차 세계대전에서는 전쟁의 귀추에 커다란 영향을 미칠 만큼의 함대결전은 일어나지 않았다. 단 한 번, 영국과 독일이 주력함대를 출동시켜 자웅을 겨루려고 한 적이 있었는데, 이것이 1916년 5월 31일부터 6월 1일까지 벌어진 유틀란트해전이다. 해전 자체는 영국 함대가 독일 함대의 행동을 제압하고, 독일 함대가 본국의 군항으로 밀려난 채 출격이 불가능해졌다는 점에서 영국의 전략적인 승리라고 할 수 있다. 그러나 해상 전투라는 면에서 유틀란트해전은 영국 함대의 뼈아픈 패배였다. 5월 31일의 전투에서 영국의 순양전함 인빈시블, 인디패티거블, 퀸메리, 3척이 독일의 순양전함이 쏜 대구경 철갑유탄에 맞아 격침되었기 때문이다.

격침된 인빈시블은 순양전함의 시대를 쌓아올린 역사적인 함이었다. 그러나 더욱 영국 해군을 충격에 빠뜨리고 일본 해군의 관심을 끌었던 것은 1913년 8월에 완성된 최신함 퀸메리(13.5인치 포 8문 탑재, 2만 6,770톤, 27.5노트)가 어이없게 격침당한 것이다. 퀸메리는 1만 5,000미터 정도의 원거리에서 발사된 12인치 포탄을 몇 발 맞았을 뿐이었다. 10년 전의 동해해전에서는 처음에 러시아 함대가 8,000미터, 일본 함대는 6,400미터에서 포를 발사했지만 유틀란트해전에서는 1만 5,000미터 또는 2만 미터 밖에서 포격이 시작되었다. 대포의 성능이 향상되고 측거의(測距儀)[6]와 사격통제장치가 발달했기 때문이다. 원거리에서 포격을 가했기 때문에 포탄은 상공에서 활 모양을 그리며 가파른 각도로 떨어져 퀸메리의 포탑 덮개를 관통하고 함 내로 진입해 함의 바닥 가까이에 있는 탄약고에서 폭발했다. 이것은 전함의 공격력과 순양함의 속력이 합쳐졌다는 순양전함이 거포의 직격탄에 의외로 취약하다는 것을 드러내는 것이었다. 순양전함은 고속력을 얻기 위해 전함보다 강판을 얇게 해서 중량을 가볍게 했는데, 이것이 함의 방어력을 약화시켰기 때문이다. 또 근거리에서 다수의 포탄을 쏘기보다는 원거리에서 소수의 포탄을 명중시키는 것이 상대에게 더욱 치명상을 입힐 수 있다는 것과 소수의 명중탄으로 결정적인 타격을 가하기 위해서는 더욱 큰 대포가 유리하다는 것이 확인되었다. 유틀란트해전의 교훈은 전후의 건함경쟁에 큰 영향을 미쳤고, 그래서 포스트 유틀란트형 초노급 전함으로 분류되는 거대 전함이 탄생하게 된다. 포스트 유틀란트형

---

6 원거리에 있는 목표까지의 거리를 재는 측량기구.

주력함의 특징은 공격력뿐만 아니라 함 전체의 구석구석까지 방어력을 강화시켰다는 점에 있다. 거포의 탑재와 추가적인 중장갑화로 인해 주력함은 전보다 더욱 거대해졌고, 배수량도 2만 톤대에서 3만 톤대, 나중에는 4만 톤대로 커졌다.

제1차 세계대전의 종결 - 계속되는 건함경쟁

세계대전은 독일의 패배로 끝나고 1918년 11월에 정전이 이루어졌지만, 여전히 영국과 독일은 방대한 숫자의 주력함을 끌어안고 있었다. 영국·독일·프랑스는 전쟁 중인 1917년에 주력함의 건조를 중지하고 계획을 취소했지만 그래도 전쟁 전에 기공하고 전쟁 중에 완성한 배들이 많았다. 전쟁이 끝났을 때, 영국은 노급 14척·초노급 30척 총 44척, 독일은 노급 23척·초노급 2척 총 25척, 프랑스는 노급 4척·초노급 3척 총 7척을 보유하고 있었다. 그리고 대전 중에도 예정대로 건조를 진행했던 미국은 노급 8척·초노급 8척 총 16척, 일본은 노급 2척·초노급 8척 총 10척을 보유하고 있었다. 대규모 함대결전은 불발로 끝났기 때문에 전쟁 중 해전에서 상실한 노급 이상의 주력함은 영국이 노급 전함 1척·노급 순양전함 2척·초노급 전함 1척·초노급 순양전함 1척 총 5척, 독일이 노급 순양전함 1척, 프랑스가 노급 전함 1척에 지나지 않았다. 각국이 막대한 비용

순양전함 후드 강력한 공격력과 빠른 속도를 겸비해 영국 해군력의 우위를 상징하는 존재였다. 제2차 세계대전 이전까지 세계 최대 규모의 군함이었으나, 1941년 그보다 더욱 거대한 독일의 전함 비스마르크에 의해 격침됐다.

을 투입해 건설한 대함거포는 세계대전의 주역이 되지 못했던 셈이다.

대함거포는 전쟁에서 큰 역할을 하지 못했고, 장기간에 걸친 전쟁은 영국과 프랑스의 국력을 피폐하게 했다. 세계를 격렬한 군비경쟁으로 몰아넣었던 영국과 독일의 대립은 독일의 패배로 끝났고, 전과 같은 세계의 재분할을 둘러싼 격렬한 대립도식도 없어졌다. 하지만 대함거포가 효과를 보지 못한 채 전쟁이 끝났고, 국력이 피폐해졌으며, 대립도식이 없어졌는데도 건함경쟁은 계속되었다.

영국은 대전 중인 1916년부터 1917년에 걸쳐 세계 최초로 포스트 유틀란트형 초노급 주력함인 후드급 순양전함(4만 2,670톤, 15인치 포 8문, 31노트) 4척을 기공했다. 그중 3척은 도중에 건조가 중지되었지만 1번함은 건조가 진행되어 전후인 1920년 5월에 완성되었다. 후드는 세계 최대·최고속 주력함이었다. 미국도 초노급 전함을 1914년에 1척, 1915년에 3척, 1916년에 1척, 1917년에 2척을 기공했는데 이 배들은 모두 1916년부터 1921년에 걸쳐 완성되었다. 특히 1917년 4월에는 최초로 16인치(40센티) 포의 탑재가 예정된 콜로라도급 전함 1번함 메릴랜드(3만 2,600톤, 16인치 포 8문, 21노트)를 기공하고, 1921년 7월에 완성했다. 그리고 곤고 이후 거포의 최선진국이 된 일본도 1917년 8월에 16인치 포를 탑재한 전함 나가토(長門, 3만 2,720톤, 16인치 포 8문, 26.5노트)를 구레 해군공창에서 기공시켰는데, 이 배는 메릴랜드보다도 더 빠른 1920년 11월에 완성되었다. 나가토는 세계 최초로 16인치 포를 탑재한 최강의 전함으로 간주되었다.

미일 건함경쟁의 격화

대전이 끝났어도 건함경쟁은 계속되었는데, 이전에 영국과 독일이 그랬듯이 이번에는 미국과 일본이 치열한 건함경쟁을 벌였다(표 8).

일본은 이미 1918년에 나가토급 전함 2번함 무쓰(陸奧)를 기공했고, 이에 맞서 미국은 1919년에 콜로라도급 전함 2척을 기공하고

1920년에는 콜로라도급 1척과 사우스다코타급 전함(4만 3,200톤, 16인치 포 12문 탑재 예정)을 5척, 렉싱턴급 순양전함(4만 3,500톤, 16인치 포 8문 탑재 예정) 4척, 총 10척의 포스트 유틀란트형 주력함을 기공했다. 3만 톤대인 나가토가 완성된 해에 미국은 이미 4만 톤대의 주력함 건조를 시작한 것이다. 더욱이 1년에 10척의 주력함을 기공한 것은 노급 전함의 등장 이후 어떤 나라도 시도한 적이 없는 엄청난 규모였는데(그전까지는 1911년에 영국이 8척을 기공한 것이 최고였음), 이것은 미국이 주력함 건조를 위해 조선 능력을 총동원한 결과였다.

미국의 대량 건조에 대항하기 위해 일본도 1920(다이쇼 9)년에 도사급 전함(3만 9,900톤, 16인치 포 10문 탑재 예정)을 2척(한 척의 이름은 도사, 또 한 척의 이름은 가가[加賀]이다), 그리고 4만 톤급의 아카기(赤城)급 순양전함(4만 1,200톤, 16인치 포 10문 탑재 예정)을 2척(한 척의 이름은 아카기이고, 또 한 척의 이름은 아마기[天城]이다) 총 4척을 기공했다. 원래 주력함은 요코스카 해군공창과 구레 해군공창에서 건조되었지만, 이때부터는 민간조선소에서도 건조가 시작되어 미쓰비시 나가사키 조선소(三菱長崎造船所)에서 도사가, 고베 가와사키 조선소(神戸川崎造船所)에서 가가가 기공되었다. 한편, 이때는 전함 나가토가 완성되고 무쓰가 건조되고 있었으니 1920년은 일본에 있어서 사상 최대 건함의 해가 된 셈이다.

1921년이 되자 영국도 건함경쟁에 복귀해 4만 8,400톤·16인치 포 9문 탑재 예정의 G3급(가칭) 순양전함 4척의 기공을 준비했다.

그러자 미국은 같은 해에 사우스다코타급 전함 1척, 렉싱턴급 순양전함 2척을 기공했고 일본도 아카기급 순양전함 2척(한 척의 이름은 아타고[愛宕]이고 또 한 척의 이름은 다카오[高雄]이다)을 기공함과 동시에 새롭게 기이(紀伊)급 전함(4만 2,600톤, 16인치 포 10문 탑재 예정) 4척의 기공을 준비했다. 더구나 일본 해군은 이미 1921년에 18인치 포 8문을 탑재하는 4만 7,500톤의 신형 전함 4척, 즉 제13호함부터 제16호함(가칭)까지의 설계를 끝내고 있었다. 제13호함부터 제16호함은 나가토·무쓰·도사(건조 중)·가가(건조 중)가 제1선에서 물러나는 때에 이들을 대체하는 함이었다. 정리하자면, 전함 무쓰가 완성된 1921년은 차세대인 도사급 전함과 아카기급 순양전함의 건조가 진행되고 있었고, 다시 그다음 세대의 기이급 전함의 건조가 준비되고 있었으며, 한편으로는 다시 그다음 세대의 제13호함 이후의 전함 설계가 마무리된 그야말로 복잡한 해였다.

【표 8】 제1차 세계대전 후의 주력함 기공 현황(1917~1922년)

함종	함명	톤수	주포 구경×문수	기공 연월일	완성 연월일	제조소
순양전함	Anson	42,670	15in×8	1917.11.09	건조 중지	Armstrong
순양전함	'G3'type(1)	48,400	16in×9	1921.준비 중	건조 취소	
순양전함	'G3'type(2)	48,400	16in×9	1921.준비 중	건조 취소	
순양전함	'G3'type(3)	48,400	16in×9	1921.준비 중	건조 취소	
순양전함	'G3'type(4)	48,400	16in×9	1921.준비 중	건조 취소	
전함	'N3'type(1)	48,500	18in×9	1922.예정	건조 취소	
전함	'N3'type(2)	48,500	18in×9	1922.예정	건조 취소	
전함	'N3'type(3)	48,500	18in×9	1922.예정	건조 취소	
전함	'N3'type(4)	48,500	18in×9	1922.예정	건조 취소	
전함	Nelson	33,313	16in×9	1922.12.28	1927.08	Armstrong
전함	Rodney	33,730	16in×9	1922.12.28	1927.11.	Cammell Laird
전함	Maryland	32,600	16in×8	1917.04.24	1921.07.21	Newport News
전함	Tennessee	32,300	14in×12	1917.05.14	1920.06.03	New York N Yd
전함	Colorado	32,600	16in×8	1919.05.29	1923.08.30	New York SB
전함	Washington	32,600	16in×8	1919.06.30	건조 중지	New York SB
전함	North Carolina	43,200	16in×12	1920.01.12	건조 중지	Norlolk N Yd
전함	South Dakota	43,200	16in×12	1920.03.15	건조 중지	New York N Yd
전함	West Verginia	32,600	16in×8	1920.04.12	1923.12.01	Newport News
전함	Iowa	43,200	16in×12	1920.05.17	건조 중지	Newport News
순양전함	Constelation	43,500	16in×8	1920.08.18	건조 중지	Newport News
전함	Montana	43,200	16in×12	1920.09.01	건조 중지	Mare Island N Yd
순양전함	Saratoga	43,500	16in×8	1920.09.25	항모로 개장	New York SB
순양전함	Constitution	43,500	16in×8	1920.09.25	건조 중지	Philadelphia N Yd
순양전함	United States	43,500	16in×8	1920.09.25	건조 중지	Philadelphia N Yd
전함	Indiana	43,200	16in×12	1920.11.01	건조 중지	New York N Yd
순양전함	Lexingtion	43,500	16in×8	1921.01.08	항모로 개장	Fore River
전함	Massachusetts	43,200	16in×12	1921.04.04	건조 중지	Fore River
순양전함	Ranger	43,500	16in×8	1921.06.23	건조 중지	Newport News

함종	함명	톤수	주포 구경 ×문수	기공 연월일	완성 연월일	제조소
전함	나가토	32,720	16in×8	1917.08.28	1920.11.25	구레 해군공창
전함	무쓰	32,720	16in×8	1918.06.01	1921.10.24	요코스카 해군공창
전함	도사	39,900	16in×10	1920.02.16	건조 중지	미쓰비시나가사키 조선소
전함	가가	39,900	16in×10	1920.07.17	항모로 개장	고베 가와사키 조선소
순양전함	아카기	41,200	16in×10	1920.12.06	항모로 개장	구레 해군공창
순양전함	아마기	41,200	16in×10	1920.12.16	건조 중지	요코스카 해군공창
순양전함	아타고	41,200	16in×10	1921.11.22	건조 중지	고베 가와사키 조선소
순양전함	다카오	41,200	16in×10	1921.12.19	건조 중지	미쓰비시나가사키 조선소
전함	기이	42,600	16in×10	1921.준비 중	건조 취소	구레 해군공창
전함	오와리(尾張)	42,600	16in×10	1921.준비 중	건조 취소	요코스카 해군공창
전함	스루가(駿河)	42,600	16in×10	1921.준비 중	건조 취소	고베 가와사키 조선소
전함	오우미(近江)	42,600	16in×10	1921.준비 중	건조 취소	미쓰비시나가사키 조선소

(표 왼쪽 세로: 일본)

Conway's All the World's Fighting Ships 1906~1921(Conway Maritime Press, London, 1985); Conway's All the World's Fighting Ships 1922~1946(Conway Maritime Press, London, 1980)에서 작성.

군비확장과 국가재정

미국과 일본 사이에는 과거의 영국과 독일처럼 극단적인 정치적 대립, 식민지 재분할을 둘러싼 충돌이 존재하지 않았다. 눈앞의 대립이 있기 때문에 '군사력 증강(건함)을 추진한 것'이라기보다는 대국으로서 국제적 지위와 발언권을 강화하기 위해, 즉 정치적 도구로서 팽창주의정책의 배경하에 군함건조에 힘을 쏟았다고 할 수 있다. 그러나 군비확장은 서로 양과 질을 비교하면서 점점 커지는 법이다. 그러므로 그 종착역은 영국과 독일처럼 전쟁이 되던지, 아니면 일방 또는 쌍방의 재정파탄이 될 수밖에 없다.

러일전쟁 이후 시작된 일본의 해군 확장도 제1차 세계대전 이후 미국과의 건함경쟁에 이르자 재정적으로 그 한계에 직면했다. 해군의 군비확장을 지탱해주던 해군건설법안은 1917(다이쇼 6)년에는 8·4함대안(전함 8척·순양전함 4척), 1918년에는 8·6함대안, 1920년에는 8·8함대안이 의회를 통과했다. 8·8함대안은 1920~1927년도에 5억 6,485만 엔을 지출해 신형 전함(기이급) 4척과 신형 순양전함(8호함~11호함) 4척을 건조하는 것을 골자로 했는데, 이 배들이 완성되면 전함 나가토·무쓰·도사·가가와 함께 제1선의 전함 8척을 이루고, 순양전함 아카기·아마기·아타고·다카오와 함께 제1선의 순양전함 8척을 이루는 것이었다. 그리고 여기에 기존의 전함 4척(후소〔扶桑〕, 야마시로〔山城〕, 이세〔伊勢〕, 히나타〔日向〕)과 순양전함 4척(곤고, 히에이, 하루나, 기리시마)이 제2선 전력으로 대기한다면 8·8함대를 넘어 8·8·8함대가 완성되는 것이다(防衛庁防衛研修所戦史室, 『海軍軍戦備〔1〕・戦史叢書31』, 267쪽).

함대 건설을 위한 예산 요구는 단년도 요구가 아니다. 장기 프로젝트로서 일괄적인 예산 요구가 이루어지며, 의회가 이를 승인하면 매년도 예산으로 분할되어 지출되는 것이다. 국가예산(일반회계)에서 차지하는 해군예산의 비율은 1918년도 이후 20%를 돌파했고, 1921년도에는 무려 31.6%에 달했다. 국가예산(일반회계)에서 차지하는 군사비의 비율도 해군예산의 증가와 함께 크게 증가해서 1918년도에는 36.2%, 1919년도에는 45.8%, 1920년도에는 47.8%, 1921년도에는 49.0%가 되어 국가 재정의 절반을 차지하게 되었다. 예를 들어 1921년도의 일반회계 세출액 14억 8,990만 엔 중 7억 3,057만 엔이 군사비였고, 그중 5억 213만 엔이 해군비였다. 시베리아 출병 관련 비용은 일반회계와는 별도로 임시군사비특별회계에서 지출되었기 때문에 방대한 군사비는 대부분 군대의 유지·확충에 쓰였다고 할 수 있다. 당시 나가토·무쓰에 이어 기공된 기이급 전함 1척의 예산 청구액은 3,725만 엔, 아카기급 순양전함도 1척당 3,742만 엔에 달했다.

군비확장과 군사사상 - 대미 7 할론

앞서 언급했듯이 대함거포·함대결전주의의 군사사상은 러일전쟁 이후 일본 해군의 기본사상으로 확립되었다. 그리고 미국과의 건함경쟁이 격화되면서 이 사상은 점차 구체적인 전술론·작전사상으로 나타나게 된다. 이것이 바로 1930년대에 이르기까지 일본 해군을 구속하게 되는 대(對)미 7할론이다. 대미 7할론은 러일전쟁 후 영일동맹이 이루어진 가운데 '대미독 7할론'으로서 탄생했다. '가상의 적(미국·독일)의 7할에 해당하는 주력함을 보유하는 것이 필요하다'는 주장에서 '7할'이라는 비율의 근거는 공격자는 방어자에 대해 5할 이상의 병력 우세가 필요하다는 사토 데쓰타로와 아키야마 사네유키 등의 가설에서 나온 것이다. 공격자(미국·독일)를 1.5, 방어자(일본)를 1이라고 한다면 이 비율로 공격자를 1이라고 할 때 방어자는 적어도 0.67, 즉 7할 정도가 필요하다는 논리이다. 이것은 마한의 전술이론을 통해서도 입증된 것으로 간주되었다.

그러나 일본이 가진 국력의 한계, 그리고 독일의 맹렬한 건함 때문에 대미독 7할의 달성은 절대 불가능했다. 예를 들어 1914(다이쇼 3)년의 제1차 세계대전 개전 시점에서 노급 이상의 주력함 보유량을 보면 일본 3척(6만 8,596톤)·미국 8척(16만 8,410톤)·독일 17척(37만 4,580톤)으로 일본은 미국·독일의 총톤수의 12.6%(척수로는 12.0%)에에 불과했다. 그러나 제1차 세계대전이 끝나자 세계 제2위를 자랑하던 독일 해군이 완전히 해체되었는데, 이는 결과적으로 일본 해군이 대미 7할론을 고집하는 원인이 되었다. 미국 하나만을 상대로 하면 명실공히 7할을 확보할 수 있다고 생각했기 때문이다.

그 후 대미 7할을 달성하려는 의욕에 불타서 책정된 것이, 1918년의 「제국국방방침」 제1차 개정에서 결정되고 1920년에 법안으로 성립한 8·8함대 계획이다. 사실 워싱턴회의 개회 직전인 1921년 10월에 노급 이상의 주력함은 일본 14척(주포 수 120문, 33만 1,558톤), 미국 20척(주포수 212문, 53만 3,410톤)으로 톤수로서의 대미 비율은 62.2%였다. 그러나 14인치 이상의 주포를 가진 초노급 주력함의 보유량으로 보면 일본은 10척(주포 수 96문, 28만 9,292톤), 미국은 12척(주포 수 132문, 36만 5,000톤)으로 대미 비율이 79.3%에 달했다. 대미 7할론은 국력의 한계를 무시한 무척이나 단순한 도식이었지만, 러일전쟁 후 높아진 반미감정을 배경으로 해군 내부에서 빠르고 깊숙이 자리를 잡아갔다.

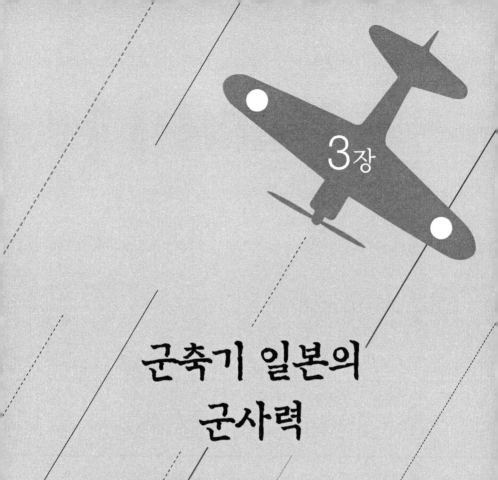

3장

군축기 일본의
군사력

군비확장에서 군비축소로 01

워싱턴회의의 개최

건함경쟁은 일본뿐만 아니라 라이벌 미국에도 무리한 군비확장을 초래했다. 대전이 끝났음에도 연방예산의 군사비 비율은 퇴역군인을 위한 연금과 보상을 제외하고도 10척의 주력함을 동시에 기공한 1920년도에 37.1%, 1921년도에는 35.0%에 달했다. 어느새 건함경쟁은 상대가 만드니까 우리도 만든다는 식의 자기목적화가 되어버렸고, 제1차 세계대전을 거쳐 초강대국이 된 미국도 이러한 상태를 해결하기 원했다. 건함경쟁이 정점에 도달한 1921년, 미국의 하딩 대통령은 유력한 해군국인 영국·일본·프랑스·이탈리아에 군비확장의 중지, 해군군비제한에 관한 국제회의를 제안했다.

당시 일본은 끝없이 커지는 군비확장으로 재정 파탄의 위기에 처해 있었고, 하라 다카시(原敬, 1856~1921년)[1] 내각은 기본방침인 영미협조 노선에 따라 미국의 군축회의 개최 제안을 수락했다. 1921(다이쇼 10)년 11월부터 1922년 2월까지 열린 워싱턴회의는 제1차 세계대전 후에 성립한 '베르사유체제'에 대응하는 새로운 국제질서, 즉 해군군축과 강대국 간의 협조를 통한 아시아·태평양 지역의 현상유지(권익의 상호 승인), 그리고 이를 위한 국제질서 구축을 지향하며 열렸다. 회의는 미국·영국·프랑스·이탈리아·일본·네덜란드·벨기에·포르투갈·중국의 대표가 참가했고, 일본은 가토 도모사부로(加藤友三郎, 1861~1923년, 당시 해군대신)·도쿠가와 이에사토(德川家達, 1863~1940년)·시데하라 기주로(幣原喜重郎, 1872~1951년, 당시 주미대사)[2]를 대표로 보냈다.

워싱턴회의에서는 해군군축조약·태평양의 현상유지에 관한 4개국 조약·중국의 현상유지에 관한 9개국 조약 등이 조인되었다. 그중에서 해군군축조약의 요지는 다음과 같다.

---

1 하라 다카시(原敬, 1856~1921년) 내각으로 기간은 1918년 9월에서 1921년 11월이다. 최초의 본격적인 정당 내각이라고 일컬어진다. 정당정치의 발달 속에서 국제협조주의·군부에 대한 통제·점진적인 사회개혁을 단행했고 그러면서도 전전 내각 중 보기 드물게 안정을 유지했다. 그러나 1921년 11월, 하라가 도쿄역에서 한 19살 철도원에게 암살되면서 안정적이었던 그의 내각도 수명을 다했다.

2 제1차 세계대전 후, 워싱턴 체제하에서 일본을 대표하던 외교관이었다. 국제협조주의에 따라 미국·영국과의 협조, 중국에 대한 불간섭정책을 견지했는데, 1920년대에 전개되었던 일본의 미국·영국과의 협조외교는 시데하라 기주로에 의해 주도되었다(일명 시데하라 외교). 그러나 시데하라 외교는 군부와 야당 등의 우익 강경파로부터 유약하다는 비난을 받았고, 1931년 만주사변의 발발 이후에는 외교관으로서의 그의 활동도 협조외교도 종식되었다.

① 10년간 주력함의 건조를 중지한다(주력함은 전함과 순양전함을 지칭함).

② 주력함과 항모의 보유 비율(톤수로 계산)은 미국:영국:일본 =5:5:3으로 한다.

③ 건조 중이거나 계획 중인 주력함의 전부, 그리고 노후 주력함의 대부분을 폐기한다.

④ 주력함은 1만 톤 이상 3만 5,000톤 이하, 주포는 16인치 이하로 하고, 항모는 2만 7,000톤 이하 포는 8인치로 이하로 한다.

이 조약으로 일본이 보유할 수 있는 주력함(전함과 순양전함)의 총톤수는 영국·미국의 52만 5,000톤에 대해 31만 5,000톤으로 제한되었다. 이것은 일본에는 대미 6할, 미국에는 일본 대비 1.67배에 해당하는 양이었다(표 9).

【표9】 워싱턴조약에서 정해진 주력함항모의 보유량

	보유할 수 있는 주력함		즉시 폐기하는 주력함		보유할 수 있는 항모 (주력함으로부터 전용 가능)	
	총톤수	당면→ 조정 후	기존의 보유함	미완성함 ()안은 건조 중		
영국	525,000톤	22척→20척	20척	4척(3척)	135,000톤	약5척
미국	525,000톤	18척→18척	15척	13척(13척)	135,000톤	약5척
일본	315,000톤	10척→10척	10척	14척(6척)	81,000톤	약3척
프랑스	175,000톤	10척→5척	0	0	60,000톤	약3척
이탈리아	175,000톤	10척→5척	0	0	60,000톤	약3척

海軍省大臣官房編, 『海軍制度沿革』第17卷の2(原書房, 1972); Conway's All the World's Fighting Ships 1906~1921(Conway Maritime Press, London, 1985)에서 작성.

군축조약의 수락

한편, 일본 측 수석 수행원 가토 히로하루(加藤寬治, 1870~1939년) 중장 등은 군축조약안이 일본의 주력함 보유량을 미국의 6할로 억누르고 있으며 7할 이상이 아니면 작전이 이루어지지 않는다고 하면서, 가토 도모사부로 전권에게 조약안(미국 측 제안안)을 거부해야 한다고 강력히 주장했다. 그러나 가토 도모사부로는 가토 히로하루의 요청을 받아들이지 않고 제2회 총회에서 다음과 같이 연설했다.

일본은 이 제안이 물질적으로 각국의 국민을 소비적인 대(大)지출에서 벗어나게 하며, 동시에 세계 평화에 공헌할 것이라고 믿습니다. 일본은 이러한 계획을 추진하게 된 미국의 높고 원대한 목적에 감동하지 않을 수 없습니다. 다시 말해서 일본은 기꺼이 이 제안을 수락하며, 우리나라의 해군 군비를 철저하게 삭감한다는 결심으로 협의에 응하겠다고 각오를 다지고 있습니다(加藤元帥伝記編纂委員会編刊, 『元帥加藤友三郎伝』, 108쪽).

가토 전권의 연설로 회의의 대세는 결정되었다. 원래 그는 해군대신으로서 8·8함대 건설을 추진하는 당사자였지만, 이로 인해 일본의 재정이 파탄하고 있다는 것을 인식하고 있었다. 그래서 영미 협조 노선을 유지하는 하라 내각(하라 다카시는 회의 직전에 암살되어 다카하시 고레키요[高橋是清, 1854~1936년]가 내각을 이끌고 있었다)의 군축조약 수락방침을 잘 지켰다. 또한, 가토는 워싱턴회의가 태평양 제도의 방비·군사시설의 현상유지를 규정하고 있기에 미국령 필리핀·괌의 군비가 제한되며, 따라서 미 함대가 일본 근해로 접근하는 것은 어렵다고 보았다. 그러므로 가토는 대미 6할이 원래는 불리하지만 실제로는 미국과 일본이 큰 차이가 없다고 간주하며 가토 히로하루 등의 '대미 7할론자'를 눌렀던 것이다. 해군 내의 반대가 컸지만 동해해전 당시 연합함대의 참모장이었던 가토 도모사부로의 권위와 통제력은 절대적이었고, 결국 해군은 결정에 승복했다.

워싱턴조약에 따라 일본은 구식 주력함을 폐기(10척, 그중 미카사는 기념함으로 육지에 고정)하고 비무장 훈련함으로 전환했다. 그리고 건조 중인 주력함도 건조 중지·폐기(4척), 항모로의 개장(2척)을 단행하는 한편, 기공 준비 중인 배들도 건조를 취소했다(8척). 단 워싱턴회의에서 결정된 1척당 2만 7,000톤을 상한선으로 하는 항모의 보유는 주력함을 항모로 개장하는 것을 염두에 둔 것이다. 당시의 항모는 상선을 개조해 만든 1만 톤 정도의 배였는데, 아직 사용법이 확실하게 정해지지는 않았다. 주력함을 항모로 개장하는 것은 이 배를 전시에 다시 주력함으로 개장할 수 있음을 의미한다. 대형 항모의 보유를 허용한 것은 건조 중인 주력함을 어느 정도는 남겨두기 위한 방편이었다. 그러나 건조 중인 주력함 중에서 항모로의 전용이 가능한 배는 미국 2척(순양전함 렉싱턴·사라토가), 일본 2척(전함 가가, 순양전함 아카기)에 불과했고, 그 외에는 조약에 따라 모두 폐기되었다.

위싱턴회의의 결과

위싱턴해군군축조약으로 일본은 8·8함대 중 전함 2척(나가토·무쓰)을 제외한 전함 6척, 순양전함 8척을 포기해야 했다. 하지만 끝도 없이 자기목적화가 되어버린 주력함의 건함경쟁은 중단되었다. 덕분에 일본의 국가재정은 파탄에서 벗어났고, 군비경쟁에 따른 미일 관계의 악화도 피할 수 있었다. 그뿐만 아니라 위싱턴회의는 강대국 간 합의를 통해 군비를 축소한 최초의 사례로서, 국제적인 군비관리에 새로운 획을 그은 획기적인 사건이었다. 물론 일본의 해군 군인들이 분개했던 것처럼 위싱턴회의에는 일본의 군사력 증강을 봉쇄하려는 미국의 제국주의적인 전략이 숨겨져 있었던 것도 사실이다. 그러나 이 전략으로 가장 크게 구제를 받은 것은 일본 자신이었다. GNP가 일본의 9.7배(1921년)나 되는 미국을 상대로 정면으로 건함경쟁을 벌이고, 이를 위해 국가재정(일반회계)의 반을 군사비(해군비로는 3분의 1)로 쏟아 부어도 여전히 부족한 것이 당시 일본의 현실이었다. 더욱이 제1차 세계대전 후의 불황 속에서 이러한 군비확장을 계속하는 것은 그야말로 무모한 것이었다. 국가의 일반회계 규모가 약 15억 엔이었던 시대에 1척당 3,000만 엔(전함 나가토와 무쓰)에서 4,000만 엔(4만 톤급)의 주력함을 16척이나 건조한다는 계획은 군사력이 국가의 통제에서 벗어나 맹렬한 속도로 자기증식했다는 것을 의미한다. 그러나 위싱턴회의의 결과, 나라가 무너져도 군비를 증강하는 사태는 일단 피할 수 있었다.

국가세출(일반회계)에서 차지하는 군사비의 비율도 1921(다이쇼 10)년을 정점으로 크게 낮아졌다(앞의 표 2). 8·8함대 건설 중지로 해군비가 크게 줄어 1921년에 국가세출의 49.0%(해군비 31.6%)였던 군사비는 1923년에 32.8%(해군비 20.1%)로 크게 줄었고, 이후에도 계속 줄어서 1926(쇼와 원)년에는 27.5%(해군비 14.4%)가 되었다. 군사비의 절대액도 최고점에 달했던 1921년에는 7억 3,057만 엔(그중 해군비는 5억 213만 엔)이었지만, 1926년에는 4억 3,425만 엔(그중 해군비는 2억 3,965만 엔)으로 줄어들었다. 2억 9,632만 엔(40.6%)이 삭감된 셈이다. 감소액 중 2억 6,248만 엔(감소액의 88.6%)이 해군비였는데, 이것은 당시 군사비의 삭감, 군사비 비율의 저하가 주력함 건조비의 전면적 삭감에 힘입어 이루어졌다는 사실을 뒷받침한다. 1924년부터 1930년까지의 7년간은 군사비가 국가세출에서 27~29%대로 안정화된 시기이다. 단, 나중에 살펴보겠지만, 이 시기에도 주력함 이외의 분야에서 해군의 군비확장이 이루어진다. 규모는 다소 작아졌지만, 확장은 계속되었던 것이다.

「제국국방방침」의 제2차 개정

워싱턴해군군축조약으로 일본 해군의 주력함 보유량은 대미

6할로 제한되었는데 바로 이 '6할'의 수락을 두고 해군 내부는 크게 두 세력으로 분열했다. 가토 도모사부로를 중심으로 한 군정(해군성) 계통의 군인은 평시에 8·8함대의 건설과 '7할' 유지가 재정상 불가능하다는 것을 인식하고 있었고, 국력(전쟁잠재력)을 충실히 하여 전시에 7할을 달성할 수 있게끔 건함능력을 유지하면 된다고 생각했다.

반면, 가토 히로하루 등 작전 입안을 담당하고 있던 군령(군령부) 계통의 군인, 그리고 함대의 훈련을 맡고 있던 군인의 상당수는 일본처럼 자원이 빈약하고 공업력이 떨어지는 '못 가진 나라'야말로 평시에 강력한 군사력(대미 7할, 가능하면 미국과 대등한 비율)을 유지하지 않으면 전시에 의지할 것이 없다고 생각하고 있었다(加藤寛治大将伝編纂会, 『加藤寛治大将伝』, 756~757쪽). 소위 '평시 7할파'를 이루는 그들은 제1차 세계대전과 같은 장기 소모전은 일본이 지향해야 할 바가 아니라고 보았다. 그 대신 전쟁이 시작되면 적극적인 함대결전을 통해 일거에 승패를 결정짓는다는 속전속결을 지향했다.

워싱턴조약의 체결과정에서 '평시 7할파'는 가토 도모사부로 해군대신의 강력한 내부 통솔력 앞에 굴복했다. 그러나 1922(다이쇼 11)년 5월, 가토 히로하루가 해군군령부 차장, 스에쓰구 노부마사(末次信正, 1880~1944년)가 해군군령부 제1과장(작전과장)에 취임하면서 분위기가 바뀌기 시작했다. 워싱턴회의 이후인 1923년에 이루어진 「제국국방방침」 제2차 개정은 군령부 계통의 군인 주도로 이루어졌다. 그 결과 '가까운 미래에 제국의 국방은 우리와 충돌할 가능성이 가장 높고, 강대한 국력과 병비(兵備)를 갖춘 미국을 목표로 하여 주로 이에 대비할 것'(防衛庁防衛研修所戦史室, 『大本営海軍部·聯合艦隊〔1〕·戦史叢書91』, 198쪽)이 규정되어 미국은 일본의(해군뿐만 아니라) 제1가상적국이 되었다. 더구나 '언젠가 제국과 충돌하는 것은 필연적인 것'이라고 하면서 대미관계에 긴장감을 불어넣기까지 했다. 미국과의 전쟁은 필연이라는 판단하에 「용병강령」도 대미전쟁을 중심으로 새롭게 구성되었다. 「용병강령」에 의하면 대미전쟁의 시나리오는 다음과 같다.

해군은 개전 초기에 신속하게 동양에 있는 적 함대를 제압함과 동시에 육군과 협력하여 루손과 괌에 있는 적의 해군 근거지를 파괴하고, 적 해군의 주력이 동양 방면으로 오면 그 길을 따라 순차적으로 그 세력을 감쇄(減殺)시키는데 힘쓰며, 기회를 보아 우리의 주력함대로 그들을 격파한다(바로 앞의 책, 201쪽, 강조점은 저자).

적 함대가 오기를 기다려 이를 맞아 싸운다는 '요격(邀擊)' 작전 구상은 러일전쟁 후에 이미 성립했지만, 1923년의 이 「용병강령」에는 결전 전에 적의 전력을 감쇄시키는 것이 추가되었다. 주력함의 대미 6할이라는 새로운 사태에 대응하기 위함이었다.

'점감요격' 작전구상

일본 해군의 작전구상은 러일전쟁 후에 성립한 함대결전주의에 기초하고 있다. 이것은 어떠한 적국 함대이든 동양에 주둔하는 적 병력을 조기 격멸·봉쇄하고, 본국 함대가 진출해 오면 모든 전력을 집중시켜 일본 근해에서 적을 맞아 '요격'한다는 동해해전 방식이었다. 그 후 일본 해군은 '대미독 7할론'이든, '대미 7할론'이든 늘 다수의 주력함을 보유하는 적을 상정했다. 따라서 일본은 건함에 힘쓰는 한편, 주력함에서 열세라는 것을 전제로 작전을 구상했다.

상대가 주력함 수에서 우세한 이상, 전진해오는 적 함대와 갑자기 결전을 벌인다는 것은 무모한 행위이다. 따라서 결전 전에 상대의 전력을 조금이라도 줄이자는 생각이 나타났다. 이것을 '점감(漸減)³ 작전구상이라 한다. 그러나 상대 전력을 사전에 줄이는 것은 필요해도 함대결전을 위해 자신의 주력함은 전부 보존해야만 했기 때문에 '점감'은 주력함 이외의 함정이 행하는 게릴라식 공격으로 달성할 수밖에 없었다. 강력한 공격력과 방어력을 가진 주력함을 주력함 이외의 함으로 침몰시키는 것은 무척이나 어려운 작업이다. 청일전쟁의 위해위(威海衛)와 러일전쟁의 여순처럼 일본에서 멀지 않은 군항에서 봉쇄된 함대라면 수뢰정 등 소형 함정의 기습 공격,

---

3 점점 줄어듦, 점점 줄인다는 뜻.

기뢰 공격으로 적 주력함대에 타격을 입히는 것이 가능하다. 그러나 외양에서 함대를 이루며 전진해오는 적의 주력함대군에 맞서서 함대결전 이전에 점감을 시도한다는 것은 대단히 어려운 일이다.

구체성이 결여되어 있긴 하지만 점감 작전구상은 1918(다이쇼 7)년에 명확히 나타났다. 일본 해군은 자신들이 주력함 수에서 미국에 열세인 것을 잘 알고 있었다. 그래서 1918년의 「제국국방방침」 제1차 개정 이후 함대결전 방식은 일거에 전력을 집중시켜 결전을 시도한다는 종래의 구상에서 색적(索敵)[4]·점감·결전의 3단계 태세를 갖추는 '점감요격' 작전구상으로 바뀌게 되었다. 그런데 이때는 아직 건함경쟁이 치열한 시기였기 때문에 결전에 투입할 수 있는 주력함을 한 척이라도 많이 확보하는 것이 최우선 과제로 인식되었다. 따라서 점감에 대해서는 순양함의 야습을 통해 실행한다는 막연한 생각만 있을 뿐 구체성이 결여되어 있었고, 작전 전체에서 차지하는 비중도 그렇게 크지 않았다.

그러다가 워싱턴회의로 주력함의 대미 6할 보유가 확정되자 일본 해군은 색적·점감·결전의 3단계 태세에서 작전의 중점을 점감에 두게 되었다. 문제는 어떻게 미국 함대를 점감할 것인가였다. 주력함은 결전 전력으로 보존해야만 했기 때문에 '점감'의 역할은 보조함, 특히 대형 순양함(보통 1등순양함, 중순양함이라고 함)과 잠수함이 맡게 되었다.

---

4 적의 위치나 상황을 탐색함.

보조함의 새로운 역할

위싱턴회의 이후의 점감요격 작전구상은 대략 다음과 같은 시나리오로 되어 있다. 미리 하와이 주변에 배치해 둔 잠수함부대가 적의 동정을 살피고(색적 단계), 접촉하면서 기회를 보아 어뢰공격을 가한다. 그리고 미국 함대의 진공이 예상되는 해면(海面)에 배치해 둔 대형 순양함이 '전진부대'가 되어 파상적인 야습을 통해 미국의 주력함을 점감해서 결전 해면(오가사와라(小笠原)·마리아나 제도의 서쪽)에 도달할 때까지 미일의 주력함 수를 동등하게 만든다(점감 단계). 그리고 결전 해면에서 주력함 함대(제1함대)를 중심으로 미국 함대를 요격해서 단 한 번의 함대결전으로 자웅을 겨룬다(결전 단계)는 것이다(앞의 책, 『海軍軍戰備(1)·戰史叢書31』, 152~154쪽).

그런데 이러한 점감요격작전을 실현하기 위해서는 두 가지의 전술적 문제를 해결해야 했다. 먼저, 첫 번째는 색적은 물론 경우에 따라 '점감'까지도 담당하는 잠수함의 속력과 항속력이다. 하와이 근처까지 진출한 뒤에 대기하고 있다가, 미국 함대를 발견하고 접촉하기 위해서는 도중에 연료가 부족하면 안 된다. 또한, 함대에 뒤처지는 속력으로도 쓸모가 없다.

두 번째는 점감의 주역인 대형 순양함의 공격력과 속력이다. 순양함의 주포는 위싱턴조약의 규제로 인해 8인치(20센티)를 넘을 수 없었다. 따라서 야간의 육박공격이 성공한다 해도 8인치의 화력으

로 주력함을 침몰시킬 수가 있는가의 문제, 그리고 30노트 이상의
속력을 가지는 순양전함이 등장한 이상 속력이 약간 빠른(30노트보다
약간 빠름) 정도로는 기습 후 이탈이 어렵다는 문제가 존재한다.

　이러한 문제를 해결하기 위해 일본 해군은 워싱턴회의 직후부
터 신형 순양함과 잠수함의 개발에 힘을 기울었다. 가령 1922(다이
쇼 11)년 12월에 기공에 들어가 1926년에 완성된 순양함 후루타카
(古鷹)는 기준배수량 7,100톤·8인치 포 6문·속력 34.5노트로서 당
시 미국, 영국의 7,000톤급 순양함의 성능(6인치 포 8문·30노트)을 훨
씬 뛰어넘었다. 후루타카급을 훨씬 뛰어넘는 중무장·고속함인 묘
코(妙高)급 순양함은 배수량이 군축조약의 한도를 아슬아슬하게 지
킨 1만 톤이었는데 1928년에 1번함이 완성된 데 이어 1929년에는
단숨에 3척이 완성되었다. 잠수함은 독일 U보트의 기술을 도입하
여 1926년에 색적·점감 임무가 가능한 항속거리 2만 4,000해리(4만
4,450킬로미터), 기준배수량 1,970톤의 순양잠수함 I형 이고(伊号) 제
1잠수함을 완성했고, 1927년에는 주력함대와 동행하며 함대결전에
참가할 수 있도록 가이다이(海大) Ⅲ형을 완성했다(防衛庁防衛研修所
戦史室, 『潜水艦史·戦史叢書98』, 57쪽).

일본 보조함의 '비밀'

위싱턴회의 후 일본은 주력함의 대미 6할이라는 '열세'를 보강하기 위해 점감 임무를 담당하는 대형 순양함과 잠수함의 건조에 힘을 기울였다. 표 10에 나타나는 것처럼 1922(다이쇼 11)년을 기점으로 전함의 건조는 중지되었지만 순양함·구축함·잠수함의 건조는 줄어들지 않았다. 일본 해군은 1922년부터 1930년에 걸쳐 순양함 18척(11만 8,745톤), 구축함 52척(6만 6,570톤), 잠수함 48척(5만 7,755톤)을 완성했다. 1930년 초에는 순양함의 보유량이 거의 미국과 동등한 수준(총 20만 톤)에 도달하게 되었고, 잠수함 보유량도 대미 9할에 육박하게 되었다(둘 다 건조 중인 함정까지 포함한 수치임). 따라서 1922년 이후 낮아지고 있던 국가세출(일반회계) 대비 군사비의 비율도 1927년 이후에는 점차 증가세로 돌아서게 되었다.

【표10】 해군 주요 함정의 연도별 완성 척수(1917~1945년)

( )안은 기공된 함정의 수

	전함	항모	순양함	구축함	잠수함	기타	합계척수	합계톤수
1917	(1)2		(2)			1	3	60,846
1918	(1)1		(2)				1	29,900
1919		(1)	(3)2	3	2		7	10,210
1920	(4)1		(3)1	13	4		19	53,994
1921	(2)1		(3)4	12	8		25	71,715
1922		1	(6)3	10	8	1	23	39,976

	전함	항모	순양함	구축함	잠수함	기타	합계척수	합계톤수
1923			3	7	6	5	21	31,411
1924			(4)1	5	7	2	15	31,932
1925			(2)3	5	3		11	25,366
1926			2	5	5	1	13	43,561
1927		1	(2)2	5	7		15	56,704
1928		1	(2)1	6	4		12	52,534
1929		(1)	3	5	5	3	16	50,430
1930				4	3	1	8	11,830
1931			(2)	4			4	6,720
1932			4	4	4	1	13	53,950
1933		1	(1)	3		2	6	30,015
1934		(1)	(2)	2	1	4	7	15,870
1935			(1)2	2	5		9	26,600
1936		(1)		2		4	6	9,890
1937	(1)	(1)1	2	12	4	5	24	64,155
1938	(1)	(1)	(2)1	4	4	2	11	46,369
1939		1	1	4		4	10	58,768
1940	(2)	1	(2)2	10	3	5	21	54,169
1941	1	(1)3	(4)1	8	11	6	30	188,521
1942	1	(3)6	(3)1	10	20	4	42	252,095
1943		(3)3	3	12	37	18	73	151,844
1944		6	1	24	39	103	173	339,926
1945				17	30	54	101	102,807
합계척수	7	25	43	198	220	226	719	1,972,108
합계톤수	282,646	487,580	298,973	308,113	293,960	300,836		

기타는 수상기모함, 잠수모함, 포함, 해방함, 부설함, 수뢰정을 가리킨다. 기공 후에 함종을 변경해서 기공 시의 함종과 완성 시의 함종이 다른 경우가 있음(예를 들면, 기공 시에는 전함·완성 시에는 항모, 기 공 시에는 상선·완성 시에는 항모).

堀元美, 『連合艦隊の生涯』(朝日ソノラマ, 1982)와 新人物往来社編, 『日本海軍艦艇総覧』(新人物往 来社, 1994)에서 작성.

보조함의 대량 건조는 워싱턴회의 이전 1919(다이쇼 8)년부터 이루어졌는데, 1922년을 기점으로 수량뿐만 아니라 '질'도 크게 바뀌었다. 1922년 이후에 기공된 대형 순양함을 같은 시기 미국의 순양함과 무장을 비교해 보면 그 '비밀'을 알게 된다(표 11). 순양함 무장에서 미국과 일본의 결정적인 차이는 어뢰발사관에 있다. 예를 들어 묘코급은 12문의 어뢰발사관을 갖추고 있지만, 미국의 펜사콜라급은 6문이 있을 뿐이고 나중에 등장하는 포틀랜드급에 이르러서는 아예 어뢰발사관이 없어졌다. 일본의 순양함이 어뢰 발사를 중시했다는 사실이 명백히 드러난다.

【표 11】 미국일본의 7,000톤급10,000톤급 순양함의 성능 비교(런던회의 이전에 기공한 함정)

	일본 후루타카급	미국 OMAHA급	일본 묘코급	미국 PENSACOLA급	미국 PORTLAND급
기준배수량(톤)	7,100	7,050	10,000	9,097	10,258
주포(구경×문 수)	20cm×6	15cm×12	20cm×10	20cm×10	20cm×9
어뢰 (지름×발사관 수)	61cm×12	53cm×10	61cm×12	53cm×6	없음
최대속력(노트)	34.5	34.0	35.5	32.5	32.5
항속거리 (노트/해리)	14/7,000	10/10,000	14/7,000	15/10,000	15/10,000
1 번함기공/완성	1922.12.05 1926.03.31	1918.12.06 1923.02.24	1924.11.26 1928.11.26	1926.10 1930.02.06	1930.02.17 1933.02.23
동급함	후루타카,가코(加古), 아오바(青葉), 기누가사(衣笠)	Omaha등 10척	묘코,나치(那智), 아시가라(足柄), 하구로(羽黒)	Pensacola, Salt Lake City	Portland, Indianapolis

출전: Conway's All the World's Fighting Ships 1922~1946(Conway Maritime Press, London, 1980)과 堀元美, 『連合艦隊の生涯』(朝日ソノラマ, 1982)에서 작성.

어뢰발사관의 수뿐만 아니라 탑재하는 어뢰 자체도 크게 달랐다. 미국 순양함의 지름 53센티 어뢰는 국제적인 표준규격이지만 일본 순양함은 그보다 더 큰 지름 61센티 어뢰를 탑재하고 있었다. 지름이 넓다는 것은 안에 장전된 작약의 양이 많고(장전할 수 있는 최대의 작약량은 61센티 어뢰가 약 750킬로그램, 53센티 어뢰가 약 500킬로그램) 파괴력도 강하다는 것을 의미한다. 일본 해군은 61센티 어뢰를 1919년에 개발하고 이후 개량을 거듭해 1922년에 완성한 나가라(長良)급 이후의 2등순양함, 1922년에 기공된 후루타카급 이후의 1등순양함, 1924년에 기공된 무쓰키(陸月)급 이후의 구축함에 탑재했다. 일본 해군은 61센티 어뢰 보유를 비밀에 부쳤으며, 아시아·태평양 전쟁에서 패전할 때까지 공식적으로 53센티 어뢰의 보유만을 인정했다. 일본 해군은 대미 6할이라는 주력함의 '열세'를 순양함과 구축함에 탑재한 61센티 어뢰로 보완하고자 했다. 즉, 61센티 어뢰에 의한 육박공격을 감행하고 이를 통해 미국 주력함의 점감을 실현시키는 것이었다. 일본의 순양함과 구축함은 빠른 속력을 자랑했는데, 이것은 미 함대의 탄막을 뚫고 최대한 짧은 시간 내에 접근해서 어뢰를 발사하기 위해 반드시 필요한 것이었다.

육군의 군축과 근대화 02

야마나시 군축과 우가키 군축

제1차 세계대전의 종결과 워싱턴해군군축조약의 성립으로 세계적으로 군축의 기운이 높아졌다. 또한, 일본은 대전 중의 호경기와는 반대로 1920(다이쇼 9)년 이래 전후 공황·불황이 계속되어 국가의 조세수입이 점차 한계에 직면하게 되었다. 따라서 군비확장은 고사하고 군사비 삭감을 요구받게 되었다. 사실 1910년대 후반의 초노급 전함 건조와 육군 사단 증설은 세수의 급속한 증대로 가능했던 것이다. 1915(다이쇼 4)년에 3억 4,500만 엔 정도였던 조세수입은 1921년에는 8억 7,200만 엔으로 무려 2.5배 이상 늘어났다. 같은 시기 군사비도 1억 8,200만 엔에서 7억 3,000만 엔으로 4배가 되었다. 그러나 조세수입은 1922년 이후 한계에 부딪히고 1928(쇼와 3)년부터 1932년까지는 점차 낮아졌다.

위싱턴조약으로 해군예산이 줄어듦에 따라 육군예산의 삭감 요구도 점점 높아졌다. 이렇게 해서 건군 이래 처음으로 육군 군비의 정리가 대규모로 행해졌다. 1922년 8월, 가토 도모사부로 내각의 야마나시 한조(山梨半造, 1864~1944년) 육군대신은 육군의 군축을 단행했다(야마나시 군축). 육군 정원을 장교 2,268명, 준사관 이하 5만 7,296명 삭감하고 말 1만 3,000마리를 감축한 야마나시 군축(제1차)의 특징은 사단과 보병연대·기병연대의 수는 그대로 두고 각 연대에 소속된 중대를 폐지(혹은 결원상태로)해서 보병 252개 중대, 기병 29개 중대, 공병 7개 중대, 치중병 9개 중대를 감축하는 것이었다. 한편 연대 규모의 삭감(폐지)은 포병에 한해서 이루어졌는데, 단숨에 야포병 6개 연대·산포병 3개 연대(포병 101개 중대)가 폐지되었다 (표 12). 폐지된 2개의 야포병연대는 새롭게 야전중포병연대, 2개의 산포병연대는 독립산포병연대로 개편되었지만, 육군 전체의 포병 화력이 저하되었던 것은 분명하다. 이어서 다음 해인 1923년 4월에는 요새·학교·관청을 대상으로 제2차 야마나시 군축을 단행했다. 이와 같은 감축으로 1922년과 1923년에 4,033만 엔의 경비를 절약할 수 있었다.

【표 12】 사단과 각종 연대의 증감(1922~1945년)

연도	사단		보병연대		야산포병연대		중포병연대		고사포연대		기병·수색연대		전차연대		공병연대		치중병연대	
	증감	현재숫자	증감	현재숫자	증감	현재숫자	증감	현재숫자	증감	현재숫자	증감	현재숫자	증감	현재숫자	증감	현재숫자	증감	현재숫자
1922		21		*86	2 -9	23	2	8				29						
1923		21		86		23		8				29						
1924		21		86		23		8		0		29		0		0		0
1925	-4	17	-16	70	-4	19		8	1	1	-4	25		0		0		0
1926 ~32		17		70		19		8		1		25		0		0		0
1933		17		70		19	1	9		1		25	2	2		0		0
1934		17	1	71		19		9		1		25		2		0		0
1935		17	2	73		19		9	3	4		25		2		0		0
1936		17	**2	75	4	23	3	12	2	6		25		2	18	18	17	17
1937	7	24	24	99	9	32	7 -1	18	3	9		25	3	5	5	23	4	21
1938	10	34	32	131	15 -3	44	2	20	2	11		25	3	8	9	32	10	31
1939	11 -3	42	32	163	13 -6	51	2 -3	19	8	19	13	38	4	12	12	44	13	44
1940	9 -2	49	11	174	9 -3	57	5 -1	23	3	22	18 -8	48	3	15	7	51	26	70
1941	2	51	10	184	2	59	25 -1	47	26 -22	26	6 -8	46	1	16	10	61	6 -7	69
1942	7	58	4	188	1 -1	59	2	49	7 -2	31	1 -7	40	6	22	12 -3	70	4	73
1943	12	70	3	191	9 -2	66	-1	48	7 -3	35	-7	33		22	16 -2	84	7 -1	79
1944	29	99	51	242	15 -2	79	13 -4	57	32 -26	41	10 -8	35	10	32	40 -1	123	17	96
1945	70	169	198	440	52 -9	122	14 -8	63	1	42	1 -2	34	14	46	36	159	15	111
증감 합계	+157 -19		+370 -16		+131 -39		+76 -19		+95 -53		+49 -44		+46 -0		+165 -6		+119 -8	

(1) 사단과 각종 연대의 증가는 그 해에 편성된 것을 기준으로 함(타 부대로부터의 개편을 포함). 감소는 폐지부대 해산개편개칭된 것을 가리킴. 현재 숫자는 각 연도의 12월 말의 부대 수(1945년의 경우에

(2) 사단은 일반사단에 한함(비행사단·전차사단·고사사단은 포함하지 않음).

(3) 보병연대에는 독립보병연대도 포함됨. 1922년*에는 대만보병 제1·제2연대도 포함됨. 1936년**에는 지나주둔(支那駐屯)보병 제1·제2연대도 포함됨.

(4) 야산포병연대는 야포병연대·산포병연대·독립야포병연대·독립산포병연대의 합계.

(5) 중포병연대는 야전중포병연대·중포병연대·독립야전중포병연대·독립중포병연대·요새중포병연대의 합계.

(6) 고사포연대에는 방공연대·선박고사포연대도 포함됨.

(7) 공병연대에는 독립공병연대·선박공병연대도 포함됨.

(8) 치중병연대에는 독립치중병연대·자동차연대도 포함됨.

그 후 1923년 9월의 관동대지진의 영향도 있어서 정부는 추가적인 재정 정리의 필요성에 직면하게 되었다. 이에 따라 1925년 가토 다카아키(加藤高明, 1860~1926년) 내각의 우가키 가즈시게(宇垣一成, 1868~1956년) 육군대신의 주도로 군축이 이루어졌다(우가키 군축). 우가키 군축은 야마나시 군축과는 달리 4개 사단을 통째로 없애는 방식으로 장병 3만 3,900명, 말 6,000마리를 감축했다. 사단 자체를 폐지하는 것은 전시의 초기 병력이 줄어드는 것을 의미했다. 상설 사단이 21개에서 17개로 줄어듦에 따라 사단에 속한 보병 16개 연대, 기병 4개 연대, 야포병 4개 연대, 공병 4개 대대, 치중병 4개 대대가 일거에 삭감되었다(당시의 사단·연대는 표 13 참조).

【표13】 일본육군의상설사단(1925년의우가키군축후의상태)

사단 (사령부 소재지)	편성 연월일	예하 보병연대와 그 소재지
고노에사단(도쿄)	1891.12.14	고노에보병제1,제2,제3,제4연대(도쿄)
제1사단(도쿄)	1888.5.14	보병제1(도쿄),제49(고후[甲府]), 제3(도쿄),제57(사쿠라)연대
제2사단(센다이)	1888.5.14	보병제4(센다이),제29(와카마쓰[若松]), 제16(시바타[新発田]),제30(다카다[高田])연대
제3사단(나고야)	1888.5.14	보병제6(나고야),제68(기후[岐阜]), 제18(도요하시[豊橋]),제34(시즈오카[静岡])연대
제4사단(오사카)	1888.5.14	보병제8(오사카),제70(사사야마[篠山]), 제37(오사카),제61(와카야마[和歌山])연대
제5사단(히로시마)	1888.5.14	보병제11(히로시마),제41(후쿠야마[福山]), 제21(하마다[浜田]),제42(야마구치)연대
제6사단(구마모토)	1888.5.14	보병제13(구마모토),제47(오이타[大分]), 제23(미야코노조[都城]),제45(가고시마)연대
제7사단 (아사히카와[旭川])	1894.10.19	보병제25(삿포로[札幌]),제26(아사히카와), 제27(아사히카와),제28(아사히카와)연대
제8사단 (히로사키[弘前])	1898.10.1	보병제5(아오모리[青森]),제31(히로사키), 제17(아키타[秋田]),제32(야마가타[山形])연대
제9사단 (가나자와[金沢])	1898.10.1	보병제7(가나자와),제35(도야마[富山]), 제19(쓰루가[敦賀]),제36(사바에[鯖江])연대
제10사단 (히메지[姫路])	1898.10.1	보병제39(히메지),제40(돗토리[鳥取]), 제10(오카야마),제63(마쓰에[松江])연대
제11사단 (젠쓰지[善通寺])	1898.10.1	보병제12(마루가메[丸亀]),제22(마쓰야마[松山]), 제43(도쿠시마[徳島]),제44(고치[高知])연대
제12사단(구루메)	1898.10.1	보병제14(고쿠라[小倉]),제24(후쿠오카[福岡]), 제46(오무라[大村]),제48(구루메)연대
제13사단(다카다)	1905.2.5	우가키군축으로폐지(1925.5.1)
제14사단 (우쓰노미야[宇都宮])	1905.7.6	보병제2(미토[水戸]),第59(우쓰노미야), 제15(다카사키[高崎]),제50(마쓰모토[松本])연대
제15사단(도요하시)	1905.7.17	우가키군축으로폐지(1925.5.1)
제16사단(교토[京都])	1905.7.18	보병제9(교토),제20(후쿠치야마[福知山]), 제33(쓰[津]),제38(나라[奈良])연대
제17사단(오카야마)	1907.11.30	우가키군축으로폐지(1925.5.1)
제18사단(구루메)	1907.11.13	우가키군축으로폐지(1925.5.1)
제19사단(나남)	1916.4.1	보병제73(나남),제74(함흥), 제75(회령),제76(나남)연대
제20사단(용산)	1919.4.1	보병제77(평양),제78(용산), 제79(용산),제80(대구)연대

출전: 秦郁彦編, 『日本陸海軍総合事典』(東京大学出版会, 1991)에서 작성.

육군의 군축과 군의 근대화

1922년부터 1925년에 걸친 총 3번의 군축으로 일본 육군은 4개 사단, 장병의 정원으로는 약 9만 명을 삭감했고, 이렇게 절약된 경비를 전차부대·항공대·고사포부대의 창설을 포함한 장비의 근대화·갱신에 썼다. 또 육군은 1927(쇼와 2)년에 징병령을 병역법으로 개정하고, 재영기간(在營其間. 현역병으로서의 복무기간)을 종래의 2년 6개월에서 2년으로 단축했다. 이것은 더욱 짧은 주기로 현역병을 예비역으로 편입시킴으로써 예비 병력을 늘리고 전시동원력을 증가시키는 것이었는데, 4개 상설 사단의 폐지로 전시동원력이 감소한 것을 보충하려는 조치이기도 했다. 더욱이 우가키 군축은 부대의 폐지로 부서를 잃은 현역 장교 약 2,000명을 중학교 이상의 남학교에 배치했는데, 이것은 '학교 교련'을 실시하는 계기가 되었다. 이렇게 볼 때 우가키 군축은 제1차 세계대전 후 세계적인 추세를 반영해 육군의 근대화를 꾀하고 국가총동원체제의 기초를 다지려는 측면도 있었다.

그러나 현실적으로 우가키 군축을 계기로 군의 기계화·근대화가 크게 진전된 것은 아니었다. 육군의 변화는 기계화·근대화의 진전과 같은 근본적인 변화가 아닌, 제1차 세계대전의 교훈을 완전히 무시하지는 못하고 무기와 장비를 적당히 교체하는 선에서 이루어졌기 때문이다. 군축 후에도 1개 사단당 포병밀도(사단 포병의

야포·산포의 수)는 러일전쟁의 개전 당시보다도 낮았고, 여전히 경포주의(輕砲主義)를 고집하고 있었다. 군축 후 포병밀도가 가장 높았던 시기조차 야포는 1개 사단당 평균 47문으로 러일전쟁의 개전 당시인 54문을 밑돌고 있었다(金子常規, 『兵器と戦術の世界史』, 135쪽). 제1차 세계대전에서 포병은 전장의 주역으로 자리매김했고, 각국은 고성능 유탄포와 캐논포의 개발, 대량 배치에 힘을 기울였다. 따라서 제1차 세계대전 중에 격차가 크게 벌어졌던 일본 육군이 세계적인 추세를 따라가기 위해서는 먼저 포병의 강화에 착수해야 했다. 그러나 경비가 많이 드는 포병은 야마나시 군축에서 첫 번째 정리 대상이 되었다. 러일전쟁 이후의 포병을 경시하는 풍조는 여전히 바뀌지 않던 것이다.

한편, 근대화의 지표로 인식되는 전차도 1926년에 독립 1개 중대(전차 10대)가 설치되긴 했지만 1928년까지는 더 이상 확장이 이루어지지 않았다(防衛庁防衛研修所戦史室, 『陸軍軍戦備·戦史叢書99』, 104쪽). 또 전차의 국내 생산량은 1932년이 되었어도 연간 20대에 불과했다(東洋経済新報社編, 『昭和産業史』第1卷, 568쪽). 항공대의 규모는 1928년에도 군축 후 증설되었을 때의 6개 비행대대 그대로였다(앞의책, 『陸軍軍戦備·戦史叢書99』, 104쪽).

근대화를 둘러싼 육군 내의 대립

제1차 세계대전 후 일본 육군은 장비와 조직의 근대화에서 크게 뒤떨어지게 되었는데, 그 원인은 군사력 운용을 둘러싼 육군 내부의 노선 대립에 있었다. 러시아 제국의 붕괴 이후 일본 육군이 서구의 1급 부대와 대규모 전투를 벌일 가능성은 상당히 낮아졌는데, 이는 서구와 멀리 떨어진 지리적 조건 때문이었다. 따라서 일본 육군에게는 서구와 동등한 수준의 화력과 장비를 갖추어야 한다는 절박감이 없었다. 이러한 상황 속에서 육군력의 편성을 둘러싸고 부내의 대립이 생겨났다. 육군 내부의 노선 대립은 출신지에 따른 기존의 파벌싸움과 얽히면서 더욱 복잡하고 치열한 양상을 띠었는데, 대립을 한마디로 요약하자면 근대화 노선파와 현상유지파의 대립이었다.

근대화 노선파는 우가키 가즈시게를 정점으로 하는 육군 중앙부의 구(舊) 조슈벌 계통의 군정가(軍政家), 그리고 러일전쟁 후 형성된 나가타 데쓰잔(永田鉄山, 1884~1935년) 등의 육군대학교 출신의 엘리트(실전경험이 거의 없었던) 막료였다. 이들 그룹은 막연하게 장비 교체 정도만 생각하는 옛날 사고방식을 지닌 장군에서부터 서구형 국가총력전을 지향하는 젊은 장교에 이르기까지 잡다한 층을 포함하고 있었다. 근대화 노선파라고는 해도 '근대화'의 정도에 대해 정리된 생각이 있었던 것은 아니며, 평시 소수정예·전시 대규모 동원, 일정한 수준의 기계화라는 점에서 생각이 대략 일치되었을 뿐이다. 물론 그들 중 상당수는 보병중심·백병주의로 대표되는 일본 육군의 군사사상에 근본적인 의문을 제기하지 않았으며, 단지 제1차 세계대전에서의 물량전 정보를 접하고 세계적인 추세를 어느 정도 따라가고자 했을 뿐이다.

이에 맞서 현상유지파는 보병중심·백병주의로 대표되는 일본 육군의 군사사상을 철저히 관철하고자 했다. 이 그룹은 상시다병(常時多兵)·속전속결·백병돌격만능을 주장하는 극단적인 보수파였다. 인맥으로 보자면 우에하라 유사쿠, 후쿠다 마사타로(福田雅太郎, 1866~1932년) 등 구 사쓰마벌 계통의 작전가를 포함하는 한편 조슈벌 위주의 파벌 인사로 좌천된 중국 대륙 파견 군인, 그리고 참모본부 제2부(정보), 부대 내의 하급 장교 등을 기반으로 만만치 않은 영향력을 가지고 있었다. 그들은 '가난한 세대'인 일본이 서구식 '장기 소모전'을 감당할 수 없다고 주장하며 근대화 노선을 '기계주의', '서구모방'의 '폐풍(弊風)', '황국 독자성의 방기', '공격정신의 쇠퇴', '국군을 전복시키려는 의도'라며 강하게 비난했다(1924년 8월에 우에하라에게 보내는 다나카 구니시게[田中国重]의 서간, 上原勇作関係文書研究会編, 『上原勇作関係文書』, 270쪽). 현상유지파는 군축으로 인해 인원 감축에 동요하는 하급 장교의 불만을 이용해 우가키 가즈시게 등의 수뇌부를 비판하며 훗날 중국 파견군이 벌이게 되는 '하극상'의 불씨를 퍼뜨렸다. 어쨌든 그들의 극단적인 백병주의사상은 육군의 작전사상에 커다란 영향을 미쳤다.

「통수강령」 성립과 '필승의 신념'

육군 내의 노선 대립과 파벌 대립의 영향도 있어서 육군의 근대화는 야마나시 군축과 우가키 군축 후에도 별 진전이 없었다. 현상 유지파뿐만 아니라 근대화 노선파도 보병중심·백병주의에 기초한 군사사상, 즉 일본은 '가난한 세대'이기 때문에 장기전 수행을 위한 물적 기반이 충분치 않다는 것을 전제로 하고 있었다. 그러므로 정도의 차는 있을지언정 장비의 후진성과 물량부족을 장병의 정신적 우위성, 교묘한 작전으로 보완하려고 했던 것은 당연한 수순이다.

1928(쇼와 3)년 9월, 육군대학교의 작전교육·연구 지침인 「통수강령(統帥綱領)」이 개정되었다. 이것은 2년간에 걸쳐 '제1차 세계대전의 교훈을 음미하고' 검토해서 개정한 것이라고 하는데, 여기에는 '통수의 중요한 의미'로서 '소수로써 다수를 치는 것'과 이를 위한 '황국독특(정신적인 요소를 가장 중시하는)'의 군사학이 잘 드러나 있다.

통수의 본래 취지는 늘 전력을 충실하게 하고 이것으로 능숙하게 적군을 향해 그 실세(實勢), 특히 무형(無形)의 위력을 최고도로 발양(發揚)하는 것에 있다. 최근 물질적인 진보가 현저하게 크므로 함부로 그 위력을 경시할 수는 없지만 그래도 승패의 주인(主因)은 여전히 정신적인 요소에 있고 예로부터 이것은 변함이 없다. 하물며 제국군은 과소(寡少)의 병력·부족한 자재를 가지고 앞서 말한 여러 가지 요구를 충족시켜야 하는데 그런 경우 더 말할 필요가 있겠는가(『統帥綱領·統帥參考』, 4쪽, 강조점은 저자).

이 글을 보면 물질적인 위력을 함부로 경시할 수 없다고 하면서도 승패의 주인은 여전히 '정신적인 요소'에 있다고 주장하고 있고, 게다가 일본군은 병력과 자재가 부족한 상황 속에서 싸워야 하기 때문에 더욱 그럴 수밖에 없다고 하고 있다. 제1차 세계대전의 경험을 반영하여 1920년대 후반에는 육군의 조전류에 대한 개정 작업이 진행되었다. 이에 따라 1928년에 『보병조전』이, 1929년에 『포병조전』, 『치중병조전』, 『기병조전』이, 1933년에 『공병조전』이 새롭게 바뀌었는데 개정된 『보병조전』에는 '필승의 신념'이라는 항목이 추가되었다. 『보병조전』의 「개정이유서」는 다음과 같이 말하고 있다.

우리 장병은 육군의 비할 바 없는 역사와 전통을 생각하며 더욱 충군애국(忠君愛國)의 마음을 갈고 닦아 훈련의 효과를 쌓아올리고, 상하가 서로 신뢰하며 하나가 되어 이렇게 생겨나는 필승의 신념을 늘 확보해서 어떠한 강적을 만나도 두려워하지 말고 승리라는 한 길에 매진하지 않으면 안된다(防衛庁防衛研修所戦史室, 『関東軍〔1〕·戦史叢書27』, 35쪽).

이처럼 전투에서의 '정신적인 요소'로 '필승의 신념'을 더욱 강조하고 있다. 그렇게 육군 내에서 정신주의적인 작전사상은 한층 더 강화되었다.

병역법 체계의 성립

군의 근대화가 육군의 정신주의적 군사사상의 강화로 별 진전이 없었던 것처럼 육군의 총동원 준비도 국민 정신동원체제의 정비로 시작되었다. 이것은 경제력·노동력·자원의 동원체제를 구축하는 서구의 총동원 준비와 확연히 달랐는데, 그 이유는 일본 육군의 제1차 세계대전 연구·보고서가 '공격정신의 고양', '정신적 결합'을 국가총력전의 '제1요소'로 강조했기 때문이다(臨時軍事調査委員会, 『交戦諸国ノ陸軍ニ就テ』(제5판), 140쪽). 여기서 주목할 것은 군대의 '정신력' 우위가 국민의 '정신적 결합'이 없이는 불가능하다는 육군 내부의 인식이다. 1920년 5월, 나가타 데쓰잔 등의 임시군사조사위원회가 정리한 『국가총력전에 관한 의견』은 이후 육군이 추진하는 총동원체제의 지침이 되었는데, 거기에도 "국내의 인심을 새롭게 하고 전쟁 지속 의사를 유지하기 위한 여러 제반 시설과 조치를 정신동원 혹은 민심동원으로 이름을 붙인다 해도 이러한 동원은 실제로는 국가총동원의 근원이 되는 것으로 각종 유형적 동원 전반에 동반시

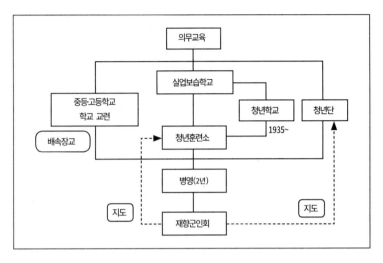

【그림3】병역법 체계

킬 필요가 있다. 비견, 병립되는 것이 아니라 오히려 각종 유형적 동원 전반을 지배하게 해야 한다."라고 되어 있다(『国家総動員ニ関スル意見』, 8쪽). 즉, 정신동원을 잘 실현시킨다면 '국민동원(전투요원의 확보)', '산업동원', '교통동원', '재정동원' 등이 원활하게 진행될 것으로 보고 있는 것이다.

육군은 가장 중요한 당면 과제이며 비교적 추진하기 쉽다고 느낀 정신동원체제를 구축하는 것부터 시작했다. 정신동원체제의 구축은 사상통제와 군대교육의 사회화로 진행되었다. 군대교육을 병영뿐 아니라 사회 전체로 확대함으로써 사회 자체를 병영화해 나가는 것이다. 군대교육을 사회적인 규모로 실시하게 된 것은 병역법 체계가 완성된 것에 기인한다(1927년에 병역법 제정). 병역법 체계는 그림 3에서 보여주듯이 만 40세까지의 남자를 지역 단위로 군사 조직화하는 것이었다. 즉, 의무교육을 받은 남자의 경우, 중학교·고등학교에서는 배속된 육군 현역장교(배속장교)의 학교 교련을 받았고(1925년부터), 실업보습학교(實業補習學校)에서 청년훈련소로 진학하는 사람은 재향군인(在鄕軍人)의 지도로 4년간 400시간의 군사 교련을 받아야 했다. 또 재향군인회의 경우 1925년의 규약 개정으로 '공안(公安)의 유지', '청년훈련소의 훈련보조'가 새로운 임무로 추가되어 치안유지와 사회의 병영화 기능을 담당하게 되었다. 1927년의 병역법 제정으로 이러한 제도·조직은 계통성을 획득했으며, 일본 육군은 병영을 통해서만이 아니라 지역사회의 각 방면에서 국민의 정신동원을 수행할 수 있게 되었다.

03 군축기 해군의 '군비확장'

런던해군군축회의의 개최

워싱턴해군군축조약의 문제점을 보완하기 위해 언젠가 보조함 제한을 위한 국제회의가 열릴 것이라는 사실은 명백했다. 먼저 1927(쇼와 2)년 6월, 제네바에서 보조함 제한을 위한 협상이 진행되었다. 그러나 프랑스와 이탈리아는 참가하지 않았고, 미국과 영국의 주장이 대립함으로써 회의는 결렬되고 말았다. 제네바해군군축회의에서 미국은 워싱턴조약과 동일하게 국가별로 보유 총량·비율을 정하는 '비율주의'를 주장했고, 이에 대해 영국은 식민지 경영상 다수의 보조함이 필요한 것을 고려해 보조함 1척당의 성능을 규제하면 된다는 '개함규제주의(個艦規制主義)'를 고집했다. 제네바회의 후에도 미국과 영국의 대립상태는 계속되었지만, 미국의 후버 대통령 취임과 영국의 맥도날드 내각의 성립을 계기로 양국은 먼저 예비교섭에 들어갔다. 결국, 영국은 '비율주의'를 원칙적으로 받아들였고, 1929년 10월 7일에는 영국의 외무장관 헨더슨이 보조함 제한을 위해 영국·미국·일본·이탈리아·프랑스가 참가하는 런던회의 개최를 제창했다.

일본의 민정당(民政黨)·하마구치 오사치(浜口雄幸, 1870~1931년) 내각[5]은 수석전권으로 와카쓰키 레이지로(若槻礼次郞, 1866~1949년) 전 수상, 전권에 다카라베 다케시(財部彪, 1867~1949년) 해군대신, 마쓰다이라 쓰네오(松平恒雄, 1877~1949년) 주영대사, 나가이 마쓰조(永井松三, 1877~1957년) 주벨기에 대사를 임명하고 런던회의에 임했다. 일본 정부는 금융공황 이후의 재정난 타개(이노우에〔井上〕 재정)와 영미 협조외교(시데하라 외교)를 추진하는 입장이었기 때문에 군축조약 체결을 촉진하려는 방침을 가지고 있었다. 그러나 런던회의 중에 해군군령부는 기존의 '점감요격' 작전구상을 실현하겠다는 전술적인 이유에서 ① 보조함 전체의 총톤수 대미 7할, ② 8인치(20센티) 주포를 탑재한 1만 톤급 대형 순양함 대미 7할, ③ 잠수함은 현재 보유량(건조 중인 것도 포함) 7만 8,000톤 유지, 이 세 가지를 양보할 수 없는 '3대 원칙(소요병력)'이라고 강경하게 주장했고 정부를 상대

---

5 입헌민정당(立憲民政黨)을 중심으로 한 정당 내각으로 기간은 1929년 7월~1931년 4월이다. 외교적으로는 미국과 영국에 대한 협조외교, 경제적으로는 긴축재정·금해금(金解禁)·산업합리화를 추진했고 이러한 맥락에서 군축도 단행했다. 그러나 하마구치 내각의 정책은 군부 강경파와 우익단체의 반감을 샀고, 결국 1930년 11월 하마구치 오사치 수상은 도쿄역에서 우익단체 단원의 저격을 받아 중상을 입었으며 그 다음 해에 사망했다.

로 이것을 관철했다.

회의는 1930(쇼와 5)년 1월 21일에 개회되었지만, 그 과정은 절대 순탄치 않았다. 미국은 워싱턴조약 비율안, 영국은 함종 비율안(비율을 함의 종류에 따라 정하는 것), 프랑스는 총톤수주의를 내세우며 충돌했고, 일본은 일본 나름의 '3대 원칙'을 주장했다. 그 때문에 회의는 한동안 교착상태에 빠졌으며 2월 하순에는 일시적으로 휴회되기도 했다. 회의가 재개되어 3월 13일이 되어서야 겨우 미국과 일본 간에 ① 일본의 보조함 총톤수는 일본의 주장을 거의 받아들여 대미 69.75%(36만 7,050톤), ② 대형 순양함은 미국의 주장에 기초해 대미 6할(10만 8,400톤, 단 미국이 신규 건조를 늦추기 때문에 일본이 대미 7할 미만이 되는 것은 1936년 이후가 됨), ③ 잠수함은 서로의 주장을 배제하고 미국과 일본이 동등하게 5만 2,700톤 보유를 골자로 한 미일 타협안(「마쓰다이라·리드안」[6])이 성립되었다(표 14).

---

6 일본의 마쓰다이라와 미국의 상원의원 리드(David A. Reed, 1880~1953년)가 합의한 사항.

【표14】 보조함의 현재 보유량과 협정안(「마쓰다이라리드안」)의 보유량

(단위: 기준배수량 톤)

국명 / 보조함		1등순양함 (중순양함)		2등순양함 (경순양함)		구축함		잠수함		합계	
		톤수	증감	톤수	증감	톤수	증감	톤수	증감	톤수	증감
일본	현재보유톤수	108,400	±0	98,415	+2,035	132,495	-26,995	77,842	-25,142	417,152	-50,102
	협정톤수	108,400	±0%	100,450	+2%	105,500	-20%	52,700	-32%	367,050	-12.0%
미국	현재보유톤수	130,000	+50,000	70,500	+73,000	290,304	-140,304	82,582	-29,882	573,386	-47,186
	협정톤수	180,000	+39%	143,500	+104%	150,000	-48%	52,700	-36%	526,200	-8.2%
영국	현재보유톤수	146,600	±0	217,111	-24,911	184,371	-34,371	60,284	-7,584	608,566	-66,866
	협정톤수	146,600	±0%	192,200	-12%	150,000	-19%	52,700	-13%	541,700	-11.0%

(1) 1등순양함: 배수량 1만 톤 이하, 비포(備砲) 8인치(20센티) 이하. 이 순양함이 대형 순양함(중순양함).

(2) 2등순양함: 배수량 1만 톤 이하, 비포 6.1인치 이하. 이 순양함이 경순양함.

(3) 구축함: 배수량 1,850톤 이하, 비포 5.1인치(13센티) 이하.

(4) 잠수함: 배수량 2천 톤 이하, 비포 5.1인치(13센티) 이하.

(5) 현재 보유톤수는 건조 중인 모든 함을 포함하는 것임.

출전: 海軍有終会編, 『近世帝国海軍史要』(海軍有終会, 1938), 753~757쪽과 海軍省大臣官房編, 『海軍制度沿革』第17卷(原書房, 復刻 1972), 773쪽에서 작성.

미일 타협안을 둘러싼 혼란

해군군령부가 요구했던 '3대 원칙'을 기준으로 생각하면 미일 타협안(「마쓰다이라·리드안」)에 제시된 숫자는 보조함 총톤수에서는 문제가 없었지만, 대형 순양함은 대미 6할로 억제되어 현재 보유량인 10만 8,400톤을 인정받는 데 그쳤다. 또 잠수함은 현재 보유량인

7만 8,000톤에서 32%를 삭감해야만 했다. 이것을 해군군령부가 요구했던 대미 '소요병력'과 비교해 보면 순양함은 소요병력 14척에서 2척이 부족한 12척이 되고, 잠수함은 소요병력 68척의 3분의 2인 42척이 된다. 반면 6인치(15센티) 포를 탑재한 2등순양함(경순양함)은 소요병력보다 5척 더 많은 17척이 되고, 구축함은 소요병력보다 1척 많은 73척을 보유하게 된다.

일본 해군 내부에서는 미일 타협안(「마쓰다이라·리드안」)의 시비를 둘러싸고 혼란과 대립이 나타났다. 해군대신을 보좌하며 군정을 담당하는 해군성의 군인들은 '3대 원칙'이 관철되지 않은 것은 유감이지만, 그렇다고 무(無)조약이 되어 워싱턴회의 이전의 건함경쟁이 재현되는 것은 더 커다란 문제이기 때문에 대국적인 견지에서 타협안은 어쩔 수 없다고 판단했다. 그들을 '조약파'라고 부른다. 한편, 점감요격 작전구상의 실현이라는 전술적 판단을 우선시하는 해군군령부는 대형 순양함의 대미 7할과 잠수함 보유량에 집착하며 타협안을 거부할 것을 주장했다. 이 그룹은 실전부대의 의견을 대변한다는 의미로 '함대파'라고 부른다.

【표 15】 군령부 '소요병력'과 런던회의 「마쓰다이라·리드안」에 기초한 병력

함대	전대(戰隊)	① 군령부 요구 병력 [ ]안은 현재 보유병력	② 마쓰다이라·리드안	①·② 증감
제1함대	주력함전대	전함9	전함10	+1
	8인치포 순양전대	중순양함2	없음	-2
	6인치포 순양전대	없음	경순양함4	+4
	항공전대	항모2	항모2	±0
	수뢰전대	경순양함2,구축함32	경순양함2,구축함33	+1
	잠수전대	경순양함1,잠수함19	경순양함1,잠수함18	-1
	기뢰잠수대	잠수함4	잠수함4	±0
제2함대	8인치포 순양전대	중순양함12	중순양함12	±0
	항공전대	항모2	항모2	±0
	수뢰전대	경순양함2,구축함24	경순양함2,구축함24	±0
	잠수전대	경순양함2,잠수함15	경순양함2,잠수함14	-1
제3함대	6인치포 순양전대	경순양함4	경순양함5	+1
	수뢰전대	경순양함1,구축함16	경순양함1,구축함16	±0
	잠수전대	잠수함20	잠수함5	-15
	기뢰함	기뢰함2	기뢰함2	±0
*	잠수전대	잠수함10	잠수함1	-9
합계	주력함(전함)	9[10]	10	+1
	항모	4[3]	4	±0
	8인치포 순양함	14[8]	12	-2
	6인치포 순양함	12[17] [61cm어뢰탑재10]	17	+5
	구축함	72[76] (1등47,2등29, 61cm어뢰탑재23)	73	+1
	잠수함	68[59] (1등19,2등40)	42	-26
	기타	2	2	±0

각 함대의 주력임무: 제1함대의 주력임무는 아마미오시마(奄美大島) 부근에서 대기하는 결전병력. 제2
함대의 주력은 아마미오시마와 오가사와라(小笠原)의 사이에 전개하는 색적(索敵)·점감 병력. 제3함대의
주력은 필리핀 공략병력. *표시는 본토방비부대. [ ]안의 현재 병력은 1929년 말의 수치.

防衛庁防衛研修所戦史室, 『ハワイ作戦·戦史叢書10』(朝雲新聞社, 1967), 493~494쪽과 堀元美, 『連
合艦隊の生涯』(朝日ソノラマ, 1982)에서 작성.

해군군령부는 자신들이 요구하는 소요병력과 미일 타협안(「마쓰다이라·리드안」)에 기초한 병력의 배치를 비교, 검토한 다음 '병력량 부족'을 강하게 내세웠다. 군령부는 타협안을 인정한다면 대형 순양함 2척, 잠수함 26척이 부족하게 된다고 주장했다. 그러나 해군군령부가 계산한 잠정 병력의 배치를 표 15에서 본다면 점감 단계를 담당하는 제2함대에서는 잠수함 1척, 결전 단계를 담당하는 제1함대에서는 대형 순양함 2척과 잠수함 1척이 부족할 뿐이다. 부족분은 원래 제2선급 전력으로 구성될 예정인 제3함대(필리핀 공략부대)가 맡게 되어 있었다. 본래 제3함대는 추가된 부대로 점감요격 작전 구상에 기초한 함대결전의 시나리오 밖에 있었다. 따라서 실제로는 미일 타협안(「마쓰다이라·리드안」)을 용인한다 해도 함대결전에 커다란 문제가 있는 것은 아니었다. 그러나 주력함과 항모, 그리고 (성능에서 우세하긴 하지만) 대형 순양함에서까지 대미 6할을 요구받자 함대파의 '병력량 부족', '대미열세'라는 강박관념은 점점 커졌다. 그러나 무조약의 문제점을 주장하는 조약파의 설득으로 함대파는 일단 공격을 멈출 수밖에 없었다.

런던조약과 '통수권 간범' 문제

1930(쇼와 5)년 4월 1일, 일본 정부는 해군군령부의 반대에도 타협은 불가피하다고 판단했고, 전권단에도 그렇게 훈령을 내렸다. 그리고 4월 22일, 조약은 기본적으로 미일 타협안(「마쓰다이라·리드안」)을 수정하지 않은 형태로 조인되었다. 보조함의 비율 외에도 런던조약에서는 워싱턴조약에서 결정된 주력함 건조의 중지 기한을 1936년까지 연장하는 것 등 다른 문제들도 결정되었다. 워싱턴조약과 런던조약의 유효기간은 1936년 말로 결정되었고, 1935년에 다음회 군축회의를 개최하기로 되어 있었다. 한편 영국·이탈리아·프랑스 간의 타협은 성립되지 않았고, 이탈리아·프랑스는 보조함 협정에 참가하지 않게 되었다. 따라서 런던군축조약은 워싱턴조약과는 달리 미국·영국·일본 3국만의 조약이 되었다. 그러나 런던조약은 이후 '통수권 간범(統帥權干犯)'[7] 문제를 불러일으켜 일본 정치

---

7 천황의 통수권을 간섭하고 침범했다는 의미이다. 메이지 헌법은 천황이 육해군을 통수하고, 편제와 상비병력을 정한다고 규정하고 있는데 이는 천황의 대권으로 신성시되었다. 육해군은 이러한 규정을 군사 문제에 대한 정치세력(정부와 의회)의 관여를 막기 위한 수단으로 이용하곤 했다. 특히 군령(통수)에 관한 사항은 육군참모총장과 해군군령부장이 천황과 직접 연결되어 있어 정치의 관여를 일찌감치 배제하고 있었다. 다만 해군의 편제와 상비병력의 결정은 군사력의 양과 질을 결정하는 문제로서 외교와 재정과도 깊은 관련이 있기 때문에 정부의 관여가 가능했고, 통수권의 문제로 해석되지 않았다. 그러나 통수권 간범을 주장하는 세력은 통수권을 더욱 확대 해석해 군의 편제와 상비병력의 결정도 통수권에 속한다고 주장했다. 그러면 천황과 직접 연결되는 해군군령부장의 반대에도 하마구치 내각이 런던조약으로 군축을 결정한 것은 '신성한' 천황의 통수권을 침해한 것이 된다.

에 심각한 영향을 끼치게 되었다. 조약이 조인된 후 야당이었던 정우회(政友會, 총재는 이누카이 쓰요시[犬養毅, 1855~1932년])[8]는 런던조약의 조인이 '통수권 간범'이 아닌가 하면서 정부를 추궁했다. 천황의 통수권을 보좌하는 것은 해군의 경우, 해군군령부장(당시 가토 히로하루)이므로 해군군령부장이 반대하는 조약을 정부와 해군대신이 무리하게 체결한 것은 천황의 통수권(군대지휘권)을 침해하는 것이라는 논리였다. '통수권 간범'이라는 민감한 이슈를 만들어낸 것은 당시 '국가개조' 운동의 배후 인물이었던 기타 잇키(北一輝, 1883~1937년)[9]라는 말도 있는데, 이처럼 위험한 '통수권 간범'을 정우회가 이용한 것이다. 이것은 수단을 가리지 않고 내각을 무너뜨리려는 정우회의 전술이었다.

'통수권 간범'의 슬로건이 등장하자 일단 가라앉았던 해군 내의 조약반대론이 다시금 끓어올랐다. 해군군령부는 종래의 '병력량 부

---

8 오랜 세월 활동한 정당 정치가이다. 1931년 12월에는 총리대신으로 임명되어 민정당의 제2차 와카쓰키 내각(1931년 4월~1931년 12월)을 대신해 이누카이 내각을 조직했다. 그러나 이누카이 쓰요시는 만주사변 이후 군부의 대두와 국가개조 운동이 고양되는 가운데 5·15 사건(1932년 5월 15일에 해군 급진파의 청년 장교와 민간 우익을 중심으로 일어난 봉기) 당시 살해되었다. 이누카이의 죽음과 그 내각의 퇴진으로 일단 일본의 정당정치는 종식되었고, 이후 군부의 세력 확대와 대외침략이 가속화되었다.

9 국가사회주의자로서 급진적인 국가주의 운동에 사상적 영향을 끼쳤다. 특히 그의 저작인 『일본개조법안대강(日本改造法案大綱)』은 국가혁신을 추구하는 급진파 청년 장교에게 커다란 영향을 주었다. 그러나 국가개조를 외치는 그의 급진적인 사상은 군부로부터 위험시되었다. 그 후 1936년 2월 26일에 일어난 청년 장교의 봉기(2·26 사건)가 정부군에 의해 진압되어 실패로 끝나자, 기타 잇키는 청년 장교의 사상적인 배후로 지목되어 사형판결을 받고 총살당했다.

족론'에서 '통수권 간범론'으로 전술을 강화했다. 가토 히로하루 군령부장과 스에쓰구 노부마사 차장 등은 도고 헤이하치로 원수를 내세워 조약파를 공격했다. 6월 10일에는 가토 군령부장이 단독으로 사직해서 조약 비준 저지운동을 더욱 고양했고, 다카라베 다케시 해군대신, 야마나시 가쓰노신(山梨勝之進, 1877~1967년) 차관, 호리 데이키치(掘悌吉, 1883~1959년) 군무국장 등의 조약파는 궁지에 몰렸다.

그러나 하마구치 오사치 내각은 협조외교(시데하라 외교)와 재정 긴축(이노우에 재정)을 견지하기 위해 군축의 실현을 포기할 수 없었다. 그래서 헌법학자인 미노베 다쓰키치(美濃部達吉, 1873~1948년)[10]의 학설을 근거로 간범론에 맞서고, 조약 비준 여부를 심사하는 추밀원(樞密院)에 대한 공작을 진행하는 등 조약 비준에 총력을 기울였다. 그 결과 조약은 10월 2일에 비준되었다. 하지만 런던조약을 둘러싼 분규는 다카라베 해군대신의 실각(부내의 혼란에 책임을 지고 10월 3일에 사직)과 조약파 군인의 몰락, 11월 14일의 하마구치 수상

---

10 다이쇼기(1912~1926년)의 자유주의사상을 대표하는 헌법학자·행정법학자로 천황기관설(天皇機關說)을 주장한 것으로 유명하다. 천황기관설에서 그는 국가법인설에 기초해 통치권의 소재를 법인인 국가로 보고, 천황은 그 최고기관으로서 통치권을 행사하는 것이며 통치권은 국민의 행복 증진을 위한 것이라고 보았다. 또한, 통치권은 천황의 전유물이 아니며 그 행사도 헌법에 따라 제한되는 것임을 강조했다. 이는 메이지 헌법을 자유주의적으로 해석한 것인데, 다이쇼기에 학계와 관계의 정설로 자리 잡았고, 정당정치를 이론적으로 뒷받침해주었다. 이러한 맥락에서 미노베 다쓰키치는 런던조약 문제에 대해서도 통수권의 한계를 강조하고 군령부를 비판했다. 그러나 1930년대의 군국주의, 천황의 권위를 절대시하는 분위기 속에서 그의 천황기관설은 군부와 우익을 중심으로 배격의 대상이 되었다.

에 대한 저격 사건을 초래했다. 여기에 정당정치를 부정하는 군부와 우익의 국가개조 운동이 더욱 고양되는 등 이후의 정치에 커다란 후유증을 남겼다.

런던조약에 대한 대응

해군군령부는 대미전쟁을 위해 적어도 대형 순양함 14척, 잠수함 68척이 필요하다고 보았고 그중 대형 순양함 12척, 잠수함 15척을 점감 임무에 배치할 예정이었다(防衛庁防衛研修所戦史室, 『ハワイ作戦·戦史叢書10』, 493~494쪽). 그런데 1929(쇼와 4)년 말에 완성된 함정은 대형 순양함 8척(6만 9,250톤), 잠수함 59척(외양형 19척, 근해형 40척 총 6만 4,000톤)이었다. 이 톤수가 앞에서 제시한 표 14의 '현재 보유 톤수'보다 더 적은 이유는 런던회의에서 협상의 대상이 된 '현재 보유량'은 건조 중인 함정도 포함하고 있었기 때문이다. 그래서 잠수함의 경우 건조 중인 것을 포함하면 7만 8,000톤이고, 실제로 완성되어 취역한 것은 6만 4,000톤이었는데 이보다 더 적은 5만 2,700톤으로 삭감된 것이다. 하지만 1922년부터 1929년에 걸쳐 완성된 점감요격 작전구상을 전제로 한 신형 잠수함은 외양형(색적·점감·결전 지원) 19척(2만 9,940톤), 근해형 26척(2만 2,910톤) 총 45척(5만 2,850톤)으로 조약의 협정 보유량과 거의 비슷했다. 따라서 런던조약은 일

본 해군 보조함의 현재 보유량을 거의 인정한 것이고, 워싱턴조약에서처럼 함정의 대량 폐기를 강요하는 것이 아니었다.

그럼에도 해군군령부를 중심으로 한 함대파의 위기감과 불만은 컸다. 일본은 미국·영국보다 더욱 큰 삭감률(12%. 실제로는 노후 구축함과 구식 잠수함의 정리로서 실행되었다)을 받아들여야만 했다. 더구나 미국은 전체 삭감률(8%)이 일본보다 낮을 뿐만 아니라 현재 보유량·건조 중인 것 외에도 8인치 포 탑재 순양함 5만 톤, 6인치 포 탑재 순양함 7만 3,000톤을 새로 기공할 수 있었다. 이렇게 볼 때 워싱턴조약과는 달리 런던조약은 전면적인 군축은 아니며 부분적인 군비확장을 용인하는 것이었다고 볼 수 있다. 당시 일본 해군은 워싱턴회의 이후의 순양함경쟁에서 양적으로는 미국과 호각을 이루고 질적으로는 미국을 능가하고 있다고 자부하고 있었는데, 이 조약으로 정치적으로 미국에 눌렸다는 의식을 강하게 품게 되었다.

일본 해군은 주력함의 '열세'를 보충하기 위해서 점감의 주역으로 61센티 어뢰를 탑재한 대형 순양함의 건함을 장려했었다. 그런데 이것도 대미 6할로 제한되고 잠수함의 증강도 뜻대로 되지 않은 것이다. 일본 해군은 본래의 점감요격작전 시나리오가 무산된 것에 대해 굉장히 초조해했다. 따라서 런던회의 이후 취할 수 있는 모든 수단을 써서 본래의 작전계획을 유지하려고 했다. 그 대표적인 방책은 ① 각 보조함의 성능 향상(중무장화·고속화), ② 군축조약에서 제외된 수뢰정 등의 600톤 미만의 소형 함정의 중무장화, ③ 항공기의 개발과 생산, ④ 군함·상선의 경우 개장을 고려한 설계와 건조였다. 한 분야의 군축·군비제한이 다른 분야의 군비확장을 촉진하는 패턴인 셈이다.

중무장화의 좌절

그러나 기존 함정과 제한 외 소형 함정을 극단적으로 중무장화·고속화시킨 것은 뜻밖의 결과를 초래했다. '도모즈루 사건(友鶴事件)'의 발생이 그것이다. 1934(쇼와 9)년 3월 12일, 사세보(佐世保)항 근처 해상에서 같은 해 2월에 준공된 지도리(千鳥)급 수뢰정 2번함인 도모즈루(기준배수량 530톤)가 파도로 인해 전복, 침몰하여 100명이 사망했다. 전복된 원인은 과도한 중무장화로 배의 중심이 높아져 복원력이 부족했기 때문이었다. 일본 해군은 600톤도 되지 않는 수뢰정에 '속력 30노트, 항속력 3,000해리, 5인치 포 3문, 어뢰발사관 4문'이라는 1,000톤급 구축함의 능력을 부여했었다. 도모즈루 사건을 계기로 다른 함종(艦種)에 대해서도 복원력 조사가 시행되었다(4월 4일에 임시함정성능조사위원회가 설치됨. 위원장은 가토 히로하루). 그 결과 지시마급을 전후로 설계되었던 항모 류조(龍驤)와 소류(蒼龍), 잠수모함(潛水母艦) 다이게이(大鯨)·모가미(最上)급·그 밖의 구축함·소해정·부설함정·구잠정(驅潛艇)에서 복원력 부족이 발견되었다. 해군 수뇌부는 여기에 충격을 받았고, 대부분의 함종에 대해 설계의 근본적인 변경과 성능개선 공사를 하지 않을 수 없었다(앞의 책, 『海軍軍戰備〔1〕·戰史叢書31』, 437~440쪽).

그러나 '도모즈루 사건'의 충격이 채 가시기도 전에 1935년 9월 26일, 이번에는 '제4함대 사건'이 일어났다. 이것은 훈련 중인 연합 함대의 1대(훈련 중의 함대명은 '제4함대')가 이와테(岩手) 현 동쪽 해상 에서 폭풍우를 만나 구축함 6척(하쓰유키〔初雪〕·유기리〔夕霧〕·기쿠즈 키〔菊月〕·무쓰키〔睦月〕·미카즈키〔三日月〕·아사카제〔朝風〕), 항모 2척(류 조·호쇼〔鳳翔〕), 순양함 2척(모가미·묘코), 잠수모함 1척(다이게이)이 커다란 손상을 입고 장병 54명이 사망한 사건이다. 피해가 컸던 원 인은 기술적으로 무리함에도 불구하고 지나치게 중장비와 경량화 를 추구한 것, 그리고 여기에 기인한 선체의 강도 부족이었다(바로 앞의 책, 440~443쪽). '군축시대의 군비확장'이 낳은 비극이라 할 수 있다. 특히 61센티 어뢰발사관 9문을 탑재한 신예 함정 후부키(吹 雪)급 구축함(特型 I) 하쓰유키, 1934년에 준공된 순양함 모가미, 중 무장과 고속을 자랑하는 순양함 묘코의 손상은 심각한 영향을 끼 쳤다.

당시 일본 해군은 런던조약의 규제를 피해 함정의 중무장화와 고속화를 최대한으로 실현하려 했는데, '도모즈루 사건'과 '제4함 대 사건'은 이러한 정책을 재검토하게 한 충격적인 사건이었다. 결 국, 수뢰정 등의 제한 외 소형 함정의 중무장화는 철회되었고, 지도

리급의 53센티 어뢰발사관 4문은 2문으로 개수되었다. 또 보조함의 중무장화와 고속화(경량화)도 선체의 강도와 복원력 등의 문제로 한계에 도달했다는 것이 인지되어 다소 완화되었다.

조약의 규제를 피하는 꼼수

수뢰정 등의 제한 외 함정을 중무장시키고, 기존의 보조함을 중무장화·고속화를 시키는 것에도 한계가 있었다. 그래서 일본 해군은 함대결전 지원을 위한 항공기의 개발과 생산, 개장을 고려한 상선의 설계와 건조를 생각하게 되었다. 항공기의 개발에 관해서는 나중에 서술하기로 하고 여기서는 함선의 개장에 관해 서술하기로 한다.

군축조약에 저촉되지 않으면서 전시에 바로 전력화시킬 수 있는 것이 바로 민간 상선과 경무장한 잠수모함, 수상기모함(水上機母艦) 등의 군함이다. 일본 해군은 전시에 급속히 전력을 증강할 수 있도록 민간에 군함으로의 개조를 전제로 상선을 건조하도록 했다.

군축시대에 건조되었던 대형 상선 중 상당수는 전시에 항모로 개조할 수 있도록 설계되었다. 해군은 조선소에 보조금을 지급하며 항모로의 개조가 가능하도록 설계·건조를 지시했다. 아시아·태평양전쟁 중에 일본 해군은 민간 상선 7척을 개장항모(改裝航母)로 획

득했지만, 그중에서 6척(이즈모마루[出雲丸] · 가시하라마루[橿原丸] · 가스가마루[春日丸] · 야와타마루[八幡丸] · 닛타마루[新田丸] · 아루젠치나마루[あるぜんちな丸])은 미리 개장할 수 있도록 설계된 것이었다. 또 6척 중 이즈모마루 · 가시하라마루 · 가스가마루, 3척은 객선으로 건조되는 도중에 항모로 개조되었다. 이들 중 특히 대형이었던 이즈모마루는 항모 히요(飛鷹), 가시하라마루는 항모 준요(隼鷹)로 제1선의 작전에 운용되었다. 그 밖에 다이요(大鷹, 가스가마루), 운요(雲鷹, 야와타마루), 주요(沖鷹, 닛타마루), 가이요(海鷹, 아루젠치나마루)와 독일의 객선 샤른호르스트에서 개장된 신요(神鷹)는 주로 전선으로 항공기를 수송하는 데 사용되었다.

잠수모함은 해상에서 잠수함에 연료 · 어뢰 · 탄약 등을 보급하기 위한 함정이었지만, 긴 항속거리를 자랑하는 일본 잠수함에는 별로 필요가 없었다. 그래서 다이게이 · 쓰루기자키(劍埼) · 다카사키(高崎), 3척의 잠수모함도 각각 항모 류호(竜鳳) · 쇼호(祥鳳) · 즈이호(瑞鳳)로 바뀌어 소형임에도 불구하고 제1선에서 운용되었다. 같은 군함이면서도 수상기모함은 좀 더 복잡하고 보완성도 더 높았다. 원래 수상기모함은 플로트(float)를 장착한 수상기를 탑재하고 그 보급을 담당하는 배인데, 순양함 이상의 대형 함정에는 이미 수상기 사출용의 캐터펄트가 장착되어 있어서 그다지 중요한 함정이 아니었다. 그러나 지요다(千代田)와 지토세(千歳), 2척의 수상기모함은 유사시 본래 임무인 특수잠항정(特殊潜航艇)과 갑표적(甲標的)의 모함으로 신속하게 변신하도록 설계되었다. 갑표적은 주력함 결전 시에 수중으로 방출되어 적함에 접근해서 게릴라식으로 어뢰공격을 가하는 비밀병기였다. 지요다와 지토세는 평범한 수상기모함을 가장한 비밀병기, 즉 특수잠항정모함이었던 것이다. 또 이들 배는 필요하다면 제2단계로서 항모로도 개장할 수 있었다. 실제로 지요다와 지토세는 미국과의 전쟁 중에 항모로 개장되었다.

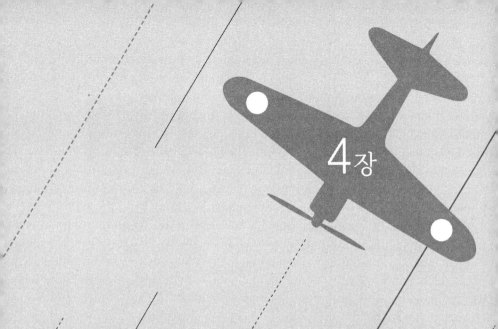

4장

군비확장·전쟁기
일본의 군사력

해군의 항공주병론 01

런던조약과 해군항공대

런던해군군축조약으로 해군 내부에서는 수상함정의 열세가 결정적인 것이라고 인식하게 되었고, 이에 따라 기존의 점감요격 작전구상을 실현하기 어렵다는 위기감이 고조되었다. 해군은 제한 외 함정의 중무장화 등으로 대응책을 모색했는데, 항공전력의 확장도 이러한 위기를 극복하려는 방편의 하나였다. 해군은 재빨리 항공군비의 대규모 확장을 계획하고 1931(쇼와 6)년에 비행대(飛行隊) 14개의 증설, 1934년에 비행대 8개의 증설을 결정했다. 그리고 이를 적극적으로 추진한 것이 반(反)군축파였던 가토 히로하루와 다카하시 산키치(高橋三吉, 1882~1966년) 등의 강경파 제독이었다.

1930(쇼와 5)년 12월에 항공주병론(航空主兵論)자였던 야마모토 이소로쿠(山本五十六, 1884~1943년) 소장이 기술부장에 취임했고, 다

음 해인 1931년 10월에 마쓰야마 시게루(松山茂, 1881~1937년) 중장이
본부장에 취임한 뒤 해군항공본부는 기존의 외국 의존에서 탈피해
군용기의 국산화 및 개발을 추진했다. 우선 1931년, 항공본부는 첫
시도로서 '제1차 항공기 시작(試作) 3개년 계획'을 책정했는데, 이후
주요 항공기의 설계자는 '일본 신민으로 제한한다'는 조건이 붙게
되었고, 외국 항공기를 베끼던 관행도 금지되었다. 항공기술의 자
립화를 위한 단호한 정책이었다. 다음 해인 1932년에는 항공본부의
요망대로 요코스카에 해군 항공기술의 종합연구개발기관으로서 항
공창이 개설되었다. 해군은 항공창에서 위험성이 높고 민간에서는

채산성이 맞지 않는 부문을 담당하게 함으로써 기업의 부담을 경감시키는 동시에 시제품 제작에 경쟁 체제를 도입하는 등 항공기술의 국산화에 힘썼다.

1930년대 초반, 일본의 항공기술은 서구와 비교해 수년은 뒤떨어진 것으로 평가되었다. 이 시기에 해군이 항공병력을 충실하게 하기 위해 기울인 노력은 예산에서도 잘 드러난다. 런던회의로 해군예산이 전년도 대비 23.8%가 감소한 1931년에 항공예산은 9.1% 증가했으며, 전체 해군예산의 17.9%를 차지했다. 그리고 1932년부터는 3년 연속 30% 이상의 증가율을 보였다. 해군항공본부의 당면 목표는 항공기의 설계·생산의 국산화 달성이었다. 따라서 항공본부로서도 아직 항공전력을 해군의 중심으로 해야 한다는 항공주병론을 전면에 내세우지는 못했다. 하지만 해군 전체는 아니어도 항공본부 내에서 항공주병론·전함무용론을 한꺼번에 분출시키는 상황이 머지않아 일어나게 된다.

하지만 그전에 1930년대 초반까지의 해군의 항공전력 형성과 항공주병론에 대해 알아보도록 하자.

해군항공전력의 시작

항공기가 '전력'으로서 전쟁사에 등장한 것은 제1차 세계대전 무렵이다. 일본군도 이 새로운 동향에 주목했는데, 해군은 오니시 다키지로(大西瀧治郎, 1891~1945년)[1] 중위 등 다수의 병과(兵科)·기관과(機關科)의 사관을 서구로 파견해 조사연구를 수행하게 했다. 또 해군은 대전 중에 개장수상기모함 와카미야(若宮)에 탑재한 4대의 수상기를 이용해 청도의 독일 요새를 정찰·폭격하기도 했다.

유럽 전선의 정세에 주목하고 있던 해군성은 부내의 요망도 고려해 결국 1916(다이쇼 5)년이 되어서야 비행대 3개(1개는 가용항공기 4대, 보충용 2대)의 정비에 착수했고, 같은 해 4월 요코스카 항공대를 설치했다. 1921년에는 대전 중 급속한 발전을 보인 항공기술과 비행술의 습득을 위해 영국에서 셈필 예비역 대령을 단장으로 한 기술강습단을 초빙하고, 1년 반에 걸쳐서 교육훈련을 실시했다. 그 결과 해군항공대의 훈련 중심 내용도 '비행' 자체에서 본격적인 공중전투·뇌격(雷擊, 어뢰공격을 가리킴)·폭격 등으로 발전했고, 그렇게 해군항공병력은 '전력'으로서의 기초를 확립해 나갔다.

해군항공대가 그럭저럭 전력으로 모양을 갖추어갈 즈음, 미국에서 주목할 만한 실험이 이루어졌다. 바로 윌리엄 미첼(William

---

1 아시아·태평양전쟁 당시 가미카제(神風) 특공대를 창안한 인물이다.

Mitchell, 1879~1936년)[2] 육군 준장의 대함폭격 실험이다. 전부터 미첼은 항공기에 주목하며 "모든 전함은 공습으로 침몰시킬 수 있다."라고 호언했고, 1920년 10월, 1921년 6월·12월, 1923년 9월 이렇게 4회에 걸친 실험에서 자신의 지론을 입증하고자 했다. 그리고 미첼은 공중폭격으로 각종 함정(독일 해군의 U보트, 구축함, 경순양함, 노급 폐기전함 등)을 침몰시키는 데 성공했다. 실험에 대한 평가는 제각각이었지만, 실험 경과는 미첼과 미 해군의 논쟁까지 포함해서 미국 주재 무관 야마모토 이소로쿠 중좌에 의해 차례로 일본 해군에 보고되었다.

당시 해군 내부에서는 대부분 항공기를 함대의 '눈', 즉 정찰병력으로 이해하고 있었지만, 미첼의 대함폭격 실험을 무시할 수는 없었다. 그래서 일본도 1924년 7월 9일에 폐함이었던 이와미(石見, 원래는 제정 러시아의 전함 오룔, 1만 3,500톤)에 대한 폭격 실험을 실시했다. 240킬로그램 폭탄 3발의 명중으로 이와미는 침몰했고, 이때 요코스카 진수부(鎭守府)의 항공참모 마쓰나가 히사오(松永壽雄, 1888~1955년) 소좌는 "20%의 명중률을 가진 폭격대가 100발의 대형 폭탄을 투하하고 그 20%가 함대에 명중한다면 우리 해군 군인, 아

---

2 미 공군의 아버지, 항공계의 개척자이다. 항공기의 중요성을 강조하며 공군의 독립과 증강을 주장했으며 일본의 진주만 기습을 예견하기도 했다. 그러나 그의 주장은 상부의 반대에 부딪혔고, 미첼은 자신의 주장이 실현되는 것을 보지 못하고 눈을 감아야 했다. 일본의 진주만 기습 이후 그의 견해는 사실로 받아들여졌고, 그가 주장했던 것들도 실행에 옮겨졌다.

니 함대 자체에 대한 중대한 위협이 된다."라고 실험 소견을 밝혔다(日本海軍航空史編纂委員会編, 『日本海軍航空史(1)・用兵篇』, 728쪽). 항공기는 단순히 수상함정의 눈이 아니라 라이벌이 된 것이었다.

항공주병론의 맹아

항공전력이 아직 정찰 기능으로만 알려졌을 때, 일본 해군 내부에서는 일찍부터 항공기를 해군의 주력으로 하자는 항공주병론이 등장하고 있었다.

나카지마 지쿠헤이(中島知久平, 1884~1949년, 훗날의 나카지마 비행기 사장) 기관 대위는 1914(다이쇼 3)년 1월, 「항공기 구조에 관한 사견」이라는 제목의 의견서를 해군 당국에 제출했다. 나카지마는 의견서에서 경제력과 자원이 부족한 일본에 "대함거포 본위의 「드레드노트 전략」과 육상에서 포와 군인의 수에 중점을 두는 전략은 둘 다 국가의 영원한 안녕을 보장해주지 못한다."라고 하면서 당시의 군비확장 정책을 강하게 비판했다. 또 현재의 재정 위기(건함과 사단 증설이 원인이 되어 생겼음)에서 벗어나기 위해서는 재력에 의지하는 것이 아니라 경제적 군비를 구축해야 한다고 하면서 다음과 같이 말했다.

현대에 들어와 이러한 이상을 달성하기 위해 생각해볼 수 있는 것은 고도로 비행기를 이용하는 것이고, 이를 다른 것에서 구할 수는 없다. …… 어뢰와 기뢰(혹은 폭탄)를 탑재한 다수의 비행기는 반드시 곧고 급 함대에 대해서도 상당한 손해를 입힐 것이다. 더욱이 비행기의 구조와 항공전술이 한 단계 진보한다면 '상당한 손해'는 분명 '상상을 초월하는 손해'로 바뀔 것이 틀림없다(앞의 책, 『日本海軍航空史[1]·用兵篇』, 109쪽).

서구의 항공주병론과 전함무용론의 제창자였던 이탈리아의 줄리오 두에(Giulio Douhet, 1869~1930년)[3]가 『제공권』을 저술한 것이 1921년이었고, 미국의 윌리엄 미첼이 전함무용론을 주장한 것은 1919년이었는데 둘 다 군 당국의 처벌을 받았다. 이러한 점을 고려하면 나카지마의 「드레드노트 전략」 비판과 항공기를 중시하자는 제안은 당시로써는 그야말로 '혁명적인 주장'이었다.

세계적으로도 항공주병론과 전함무용론은 군사사상의 이단이었다. 미국의 해군 수뇌부도 미첼의 '전함필패론'을 결코 인정하려 들지 않았다. 그들은 미첼이 실험에서 정지 상태인 함을 침몰할 때까지 반복해서 공격했던 점을 비판했다. 그들은 실제 전투에서 전함은 강력한 대공포화로 자신을 스스로 방어하고 자유로이 선회할 수

---

3 이탈리아의 군인이며 항공 전략가이다. 항공전의 중요성을 강조하며 공군의 독립과 공군 중심의 전력증강, 전략폭격을 통한 전쟁의 승리를 주장했다. 특히 그의 저서인 『제공권』은 명저로 꼽힌다.

있으며, 피해에 대한 응급조치 능력까지 갖추고 있기 때문에 전함의 지위는 여전히 확고부동하다고 결론지었다. 한편, 야마모토 이소로쿠는 보고에서 미첼의 실험과 미 해군의 대응에 관해 사실관계만을 서술할 뿐 어떠한 논평도 하지 않았다(앞의 책, 『日本海軍航空史〔1〕·用兵篇』, 93~95쪽). 단, 그 자신이 귀국 후 해군대학교 교관 시절(1921년 12월~1924년 12월)에 이미 항공주병론자가 되었다는 점을 고려하면 야마모토 이소로쿠가 미첼의 실험에서 큰 영향을 받았다고 짐작할 수 있다.

민간 중심의 항공기 생산체제

항공전력의 위치를 어떻게 규정할지에 대해 의견 대립이 있긴 했지만, 그래도 항공전력에 대한 해군 내부의 관심은 서서히 높아져 갔다. 해군예산에서 항공관계 예산이 차지하는 비율은 요코스카 항공대가 설치되었던 1916(다이쇼 5)년에는 불과 0.44%였지만 1920년에는 3.93%, 워싱턴조약의 체결 후인 1923년에는 8.72%, 1930년에는 14.29%로 증가했다. 1923년부터 1930년에 걸쳐 해군예산은 2억 3,000만 엔에서 2억 8,000만 엔 사이를 유지했는데(국가예산의 14~15%), 그 사이 항공관계 예산의 증가율은 47.9%를 나타냈다.

그러나 가장 중요한 항공기 생산을 살펴보면 1920년대는 물론 1933~1934년경까지도 외국 기술에 대한 의존도가 대단히 높았다. 1915년, 해군은 미래의 항공병력 확충에 대비하기 위해 민간의 항공기 제조능력을 육성·배양해야 한다는 부내 의견을 채택했으며, 다음 해인 1916년부터 엔진의 민간 발주를 시작했다(미쓰비시 고베〔三菱神戸〕조선소). 그리고 1919년에는 기체와 엔진의 생산은 주로 민간공장에서 하고, 수리는 전부 해군공창에서 한다는 방침을 정했다. 원래 일본의 무기생산이 군 공창을 중심으로 이루어졌다는 점을 생각하면 매우 특이한 조치였다. 그 요인은 대략 두 가지로 생각된다. 우선 첫 번째로 나카지마 지쿠헤이가 항공기 생산에 착수하면서 말했던 것을 들 수 있다.

서구 비행기의 일진월보(日進月步)는 그 기초를 민영의 경쟁에 두고 있다. 연 1회의 예산에 묶여있는 관영공장에서는 신예기가 절대 나올 수 없다(池田清, 『日本の海軍』下, 159~160쪽).

이와 같은 이유가 고려되었을 것이다. 두 번째는 더욱 결정적인 요인이었는데, 일본에서 군용기 생산이 시작된 시기가 역사상 유례없는 건함경쟁의 시대였기 때문이다. 건함경쟁의 와중에 해군은 독자적으로 항공기 생산 설비를 확충할 여유가 없었다.

민간자본에 의한 항공기 생산은 미쓰비시에 의해 시작되었다.

미쓰비시는 1916년부터 엔진, 1921년부터는 기체를 생산하기 시작했다. 이어서 1917년에 설립된 나카지마 비행기는 1918년에 이미 기체 생산을 개시했고, 1926년에는 엔진 부문에도 진출했다. 이후 가와사키 조선소(川崎造船所, 기체·엔진), 가와니시 기계(川西機械, 기체), 아이치 시계전기(愛知時計電氣, 기체·엔진), 도쿄 가스전기공업(東京瓦斯電氣工業, 엔진·기체), 와타나베 철공소(渡辺鐵工所, 차륜·기체), 이시가와지마 조선소(石川島造船所, 기체), 이렇게 6개의 회사가 차례로 항공기 생산에 착수했다. 이때는 1920년 공황 이후 불황이 계속되는 시기였고, 철강·조선·기계 부문의 공업 회사는 위기 타개책의 일환으로 기체 생산과 엔진 부문에 진출했다고 볼 수 있다. 따라서 당시의 군부, 특히 해군의 항공전력 육성정책은 재계의 요구와도 부합하는 것이었다. 이에 각 기업은 적극적으로 항공기술의 연구와 도입을 추진했다.

해군작전과 항공전력의 위치

워싱턴조약의 체결 후, 해군 내부에서는 항공기의 색적과 지원 능력에 특히 주목했다. 주력함의 주포 사정거리가 3만 미터 전후까지 늘어난 결과, 주력함에도 항공기는 필요 불가결한 관측수단이 되었기 때문이다. 또한, 군축의 결과 전함·순양전함을 개장한 대형 항모를 보유하게 된 것도 항공전력의 위상을 변화시킨 요인 중 하나였다.

해군은 지상에 기지를 두는 기지항공대를 1923년에 10개, 1924년에 13개로 늘렸으며 항공행정을 함정본부(艦政本部)의 관할에서 독립시키기로 결정하고(항공병과의 독립) 1927년 4월에 해군항공본부를 설치했다. 한편 일본 육군의 경우, 항공병력의 창설·항공병과의 독립이라는 면에서는 해군보다 빨랐다(1910년-첫 비행, 1925년-육군항공본부의 설치). 그러나 육군항공대가 보병중심의 군사사상을 토대로 지상군의 지원용으로 건설되었기 때문에 해군에서와 같은 '항공주병론'은 나타나지 않았다. 더욱이 해상작전능력을 부여하지 않았기 때문에 육군항공대는 기동성·유연성에서 해군항공대에 미치지 못했다.

해군의 항공병과가 독립한 다음 해인 1928년 4월, 항공관계 실시부대로서 항모 호쇼와 아카기가 제1항공전대로 편성되어 연합함대에 편입되었다. 이것은 함대에 항공병력(항모)을 동반시켜 주력함대의 결전 시에 주력함을 지원하는 보조병력으로 사용할 수 있게 한 것이다. 이렇게 해상의 항공병력은 기존의 색적(적 함대의 조기발견과 접촉)과 관측(주력함의 포탄과 탄착 확인) 역할을 넘어 결전의 일익을 담당하는 부대가 되었다. 실제로 1928년에 개정된 「해전요무령(제3차 개정)」에서 항공대는 정찰 이외에도 주력결전 시에 기선을 제압하기 위해 "전투기 부대는 적 항공기를 제압하고 공격기(뇌격기)는 적 함대를 강습한다."라고 되어 있다.

단, 당시의 항공부대 운용은 전술적으로 공격적인 면이 있기는 했지만, 기본적으로는 전함 중심의 주력부대를 지원하는 보조적인 것 혹은 적 함대를 교란하기 위한 것이라 할 수 있었다. 예를 들어 점감요격작전의 점감에 항모부대를 사용하려는 배경 속에서 런던 회의 때 작성된 해군군령부의 소요병력안을 보자. 거기에는 4척의 항모를 2척씩 항공전대로 나누어 1개의 전대를 결전부대에, 1개의 전대를 점감부대에 배치하는 것을 규정하고 있다. 이것은 항공전력을 집중시켜 운용하는 것이 아닌, 균등하게 분산시켜 운용하려는 것이다. 이를 보더라도 해군 내부에서는 아직 항공전력을 어떤 식으로 유효하게 사용할지에 대해 확고한 방침이 정해지지 않았음을 알 수 있다.

항공주병론의 분출

해군은 1927(쇼와 2)년 이후 항공전기(航空戰技, 항공부대로 함정을 공격하는 훈련)를 실시, 자유회피를 실시하는 함정에 대해 수평폭격훈련과 뇌격훈련을 감행했다. 1933년의 훈련에서 함재기는 수평폭격에서 60%, 뇌격(주간)에서 평균 88.4%, 1934년에는 뇌격(야간)에서 70%의 명중률을 보였다(앞의 책, 『日本海軍航空史〔1〕·用兵篇』,

(611쪽). 이것으로 항공 관계자는 크게 자신감을 얻었다.

야마모토 이소로쿠 항공본부 기술부장은 더 나아가 항공전력을 함대의 부속물에서 탈피시키기 위해 장대한 항속력을 가진 지상발진의 대형 공격기를 구상했다. 이렇게 되면 항공전력은 적의 공격에 취약한 항모에 의지할 필요가 없게 된다(嚴谷二三男, 『中攻』, 2쪽: 앞의 책, 『日本海軍航空史〔1〕·用兵篇』, 115~116쪽, 241~242쪽). 육상기지로부터 적 함대를 공격하기 위한 공격기(폭격·뇌격 둘 다 가능)를 개발한다는 야마모토의 구상은 미쓰비시 중공업의 9시 중형 공격기(九試中型攻擊機)의 등장으로 예상보다 빠르게, 그리고 거의 완전하게 실현되었다(1호기는 1935년 6월 완성, 약칭은 9시 중공). '9시'라는 것은 시험기의 제작이 쇼와 9년도에 시작되었음을 의미한다. 9시 중공의 완성은 전함 나가토·무쓰의 완성 이래 해군에 커다란 반향을 불러일으켰다(앞의 책, 『中攻』, 15쪽). 9시 중공(훗날의 96식 육상공격기)은 최고속도 370킬로미터, 항속거리 2,365해리(4,380킬로미터)를 자랑하는 세계적인 수준의 우수한 항공기였다. 또 미쓰비시는 1935년 1월, 세계적인 수준의 9시 단좌전투기(훗날의 96식 함상전투기〔艦上戰鬪機〕)를 완성했다. 이로써 일본 해군은 당면 과제였던 항공기술의 '자립'뿐만 아니라 세계 최고 수준의 항공기 보유라는 목표마저 달성하기에 이르렀다.

항공본부와 요코스카 항공대는 이러한 우수 항공기의 국산화에 힘입어 항공주병론과 전함무용론을 분출시켰다. 그 때문에 항공 관계자는 대함거포주의를 옹호하는 포술 관계자와 사사건건 충돌했다. 이들 항공 관계자의 주장은 항공주병론자인 야마모토 이소로쿠 항공본부장(1935년 12월 취임)이 직접 '진화'에 나서야 할 정도로 격렬했다. 1935년(월일은 불명), 야마모토는 전함무용론의 '진원지' 중 하나인 요코스카 항공대에 다음과 같이 훈시했다.

> 부잣집의 응접실 장식대에는 멋진 장식품이 있다. 그 자체로는 실용적인 가치가 없지만, 그것이 있기 때문에 부자로서 무형적인 갖가지 이익을 얻는 경우가 많다. 전함도 마찬가지다. 그 자체로는 가치가 낮아지고 있지만, 아직도 세계적으로 전함주병(戰艦主兵)사상이 강하고, 국제적으로는 해군력의 상징으로서 커다란 영향력을 가지고 있다. 그러니까 제군들은 전함을 응접실의 장식품이라고 생각하고 너무 폐지, 폐지라고 주장하지는 말기 바란다(防衛庁防衛研修所戰史室, 『海軍航空概史・戰史叢書95』, 48쪽).

오니시 다키지로의 공군 건설론

해군항공본부는 항공주병론의 아성이었는데, 그중에서도 항공주병론의 급선봉에 선 인물이 교육부장인 오니시 다키지로 대좌였다. 그는 일관되게 항공, 그중에서도 교육 계통을 밟아온 인물로서 야마모토 이소로쿠의 '제1복심'으로 자타가 공인하는 인물이었다.

오니시는 이미 1930년에 '군령부는 현재 항공본부를 지도할 능력이 없다'며 상사에게 항공주병의 실현 방책에 관한 의견서를 제출하는 등 부내에서도 두드러진 존재였다. 그리고 1937년 7월에는 '항공본부의 사상을 대표하는 것으로서' 소책자인 『항공군비에 관한 연구』를 발표해 해군 내부의 주목을 받았다. 여기서 오니시는 다음과 같이 역설했다.

> 가까운 미래에 함정을 주체로 하는 함대(항모와 항공병력도 포함)는 기지의 대형 비행기로 이루어진 우세한 항공병력의 위력권(반경 약 1,000해리)에서 제해권을 보장받을 수 없을 것이다(앞의 책, 『ハワイ作戦・戦史叢書10』, 513쪽).

그리고 그 이유는 '잠수함을 제외한 각종 함선은 공중공격에 맞설 수' 없기 때문이라고 오니시는 결론짓고 있다. 또 오니시는 "제해권의 열쇠를 쥐는 것은 우세한 함대가 아니라 강대한 항공병력이다."라고 단정 지었다. 그야말로 순수한 항공주병론이었다.

『항공군비에 관한 연구』에서 오니시 다키지로가 구상한 것은 무엇이었을까? 결론부터 말하면 그가 구상한 것은 전략공군의 건설이었다. 이는 항공전력을 단순한 지원 전력이 아닌, 독자적으로 적을 타격하는 군사력, 즉 하나의 전략 단위로서 건설하는 것을 의미한다. 오니시는 대륙뿐만 아니라 해상에서도 사용할 수 있는 강한 항속력을 가진 항공기로 편성된 '순수한 공군(純正空軍)'을 건설해야 한다고 주장했다. 그가 말하는 순수한 공군이란 단순히 육군과 협력하는 공군도, 해상작전을 지원하는 공군도 아니었다.

> 육상 방면에서는 정략적인 견지에서 적국의 정치·경제의 중추 도시를, 그리고 전략적 견지에서 군수공업의 중추를, 또 항공전술적 견지에서 적의 순정(純正) 공군기지를 공습하는 등 …… 의 작전을 실시한다. …… 그리고 해상 방면에서는 공격권 내에 존재하는 적 함정과 해군 시설에 대해 단독으로 작전하고 …… 제해권의 장악·행사에 대해 해군 함선과 그 임무를 분담한다(바로 앞의 책, 521쪽).

오니시의 구상은 이러한 임무를 담당하는 공군이었다. 그는 '해군 자체의 공군화'로 육지와 바다, 어떤 방면에서도 사용할 수 있는 순수한 공군을 만들려고 했다. 오니시 다키지로의 제안은 당시 해군 전체의 의사가 될 수는 없었다. 하지만 이것으로 해군 내의 이단자·항공주병론자가 지향하는 군사력 건설의 방향은 더욱 명확해진다. 항공주병론자는 해군의 공군화를 포기하지 않고 우선 현존하는 해군항공대를 그들이 구상했던 방향으로 육성했으며, 항공기의 개발·훈련 등의 실적을 통해 해군 전체의 방향 전환을 꾀했던 것이다.

해군의 항공기 개발 02

군사사상을 반영하는 항공기

일반적으로 무기는 미래를 내다보는 특정한 군사전략에 기초해 개발된다. 당시에는 기술적인 제약 때문에 어떠한 작전에도 사용할 수 있는 '만능 항공기'를 개발할 수 없었는데, 이는 모든 나라의 공통된 상황이었다. 군사적인 이유로 속력을 중시한다면 항속력과 선회능력(격투능력)이 낮아지고, 폭탄 등의 탑재를 중시하면 속력·항속력 등을 희생할 수밖에 없었다. 따라서 항공기를 개발할 때에는 항공기를 군사적으로 어떻게 쓸 것인가 하는 그 나라의 특수성과 독자성이 깊게 반영되기 마련이다. 하지만 일본 해군의 경우 해군 내의 다수 의견이 꼭 항공기에 반영된 것은 아니었다. 기본적으로 항공기의 개발을 주도한 곳은 해군 내의 이단아 항공본부였다. 그 때문에 항공기의 개발은 표면적으로는 기존의 점감요격 작전구상에 따라 진행되었지만, 한편으로는 은밀하게 함대결전 전략의 틀을 깨는 방향으로 진행되고 있었다.

해군의 항공기 개발은 해군이 결정하는 「항공기 기종 및 성능표준」(줄여서 「성능표준」)을 대원칙으로 했고, 개발도 이에 기초해 이루어졌다. 「성능표준」에서 확정된 것은 ① 기종, ② 용도(발착 장소-함상·육상·수상 등, 주요임무-전투·폭격·공격〔뇌격과 폭격 겸용·정찰 등〕), ③ 좌석 수, ④ 기능(특성·최고속도·항속력·무장·통신능력·실용고도) 등이다. 여기서 제시된 수치를 기준으로 항공본부는 더욱 상세한 「실용기 시제계획」을 작성했고, 항공기 제작사와 협의해 최종적으로 「시작기(試作機) 계획 요구서」(제작사에 대한 요구서)를 만들었다.

「성능표준」은 대략 3년을 기준으로 개정되었는데, 원안 작성은 관제상의 관례에 따라 군령부가 담당했다. 그 후 원안은 항공본부에서 검토되었고, 요코스카 진수부로 보내져 항공창과 요코스카 항공대의 의견이 종합되었다. 원안의 작성은 군령부에서 했지만, 기술의 발전이 눈부셨던 항공분야의 경우, 전문가 집단인 항공본부와 요코스카 항공대의 영향력이 가장 컸다. 그 후 「성능표준」안은 다시 항공본부 → 군령부 → 해군성을 거쳐 개정이 완결되었다. 원안 작성부터 새로운 「성능표준」의 결정까지는 대략 6개월에서 1년이 걸렸다고 한다(앞의 책, 『日本海軍航空史〔1〕·用兵篇』, 405~406쪽). 「성능표준」은 1923년 12월에 처음으로 정해졌고, 그 후에는 1925년 12월, 1930년, 1932년, 1937년 6월, 1941년, 1943년 3월(혹은 5월), 같은 해

6월(육해군 협동 시작기〔試作機〕 추가)에 개정되었다.

「성능표준」의 변천

1930(쇼와 5)년에 책정된 「성능표준」의 최우선 과제는 항속력이었다. 그래서 강한 항속력을 가진 뇌격·폭격 겸용의 공격기(폭탄 장착 시의 항속력 1,200킬로미터 이상)와 중폭(重爆) 겸용의 대형 비행정(폭탄 장착 시의 항속력 3,700킬로미터 이상)이 중시되었다. 3,700킬로미터(2,000해리)의 항속거리는 남양군도(南洋群島)[4]의 요새를 자유로이 연결할 수 있는 거리였고, 대만에서 필리핀까지 거의 전 지역을 공습할 수도 있도록 산출된 거리였다. 1930년의 「성능표준」은 '7시'(1932년도의 시작기)를 탄생시켰지만 아직 일본의 항공기 산업은 기초가 확립되어 있지 않았으며, 그 때문에 해군의 요구를 충족시키는 공격기·비행정은 나타나지 않았다.

그 후 1932년의 「성능표준」은 이후의 항공기 생산방침에 결정적인 영향을 끼쳤다. 1932년 당시, 항공본부는 항모 탑재기 이외에 육상 발진기의 대함뇌폭격(對艦雷爆擊)을 가장 중요하게 여겼다. 런던

---

4 제1차 세계대전 후부터 아시아·태평양전쟁 때까지 일본의 지배하에 있던 미크로네시아의 섬들.

조약으로 제약을 받았던 보조함의 열세를 보충하기 위해서였다. 이 것은 '함대협동'을 명목으로 했지만, 궁극적으로는 기지항공부대 단 독으로 함대를 요격할 수 있도록 하기 위함이었다. 이러한 항공본 부의 방침은 쌍발의 중형 육상공격기 '중공(中攻)'이라는 독특한 형 식의 해군기를 탄생시켰고 전략사상에도 커다란 영향을 끼쳤다. 1935년에 완성하고 1936년에 제식화한 96식 육상공격기(九六式陸上 攻擊機, 약칭은 96식 육공)의 전투행동반경은 650해리(약 1,200킬로미터) 였는데, 이것은 본토의 거점인 기사라즈(木更津)와 다테야마(館山)에 서 발진하면 오가사와라 제도 부근에서 함대를 공격할 수 있고, 본 토-오가사와라-마리아나-트루크 제도로 이어지는 장거리 연속 발 진이 가능하며, 대만부터 필리핀의 루손 섬 전체를 사정거리에 두 는 항속력이었다. 1932년의 「성능표준」은 '8시', '9시'의 기준이 되었 는데 이 '9시'가 훗날 96식 함상전투기·96식 육상공격기(미쓰비시 중 공업)·97식 1호 함상공격기(나카지마 비행기) 등의 우수한 항공기를 낳았다.

이어서 1936년의 「성능표준」에서는 강한 항속력의 함상전투기, '항모 공격용'의 급강하폭격기를 특히 중시했는데, 이것은 방어력을 도외시한 채 고도의 공격력과 항속력을 요구한 것이 특징이다. 이 는 당시 항모 관계자의 아웃레인지(outrange) 구상을 실현하기 위한 것이었다. '아웃레인지'(원래는 적의 사정거리 바깥에서 포격하는 능력)라 는 것은 적의 함재기 공격 범위 바깥에서 선제공격을 감행하여 주력결전 전에 적의 항모를 격파하고 일거에 제공권을 장악하는 것이다. 그 전년도인 1935년, 일본 해군은 첩보수단을 통해 미 해군의 현용기(現用機)·시작기·시작 계획 중의 항공기의 '성능표'를 입수해서 미 해군기의 전모를 파악하는 데 성공했다. 따라서 미 해군기의 전투행동반경(약 260해리＝480킬로미터) 범위 바깥에서 선제타격을 가할 수 있는 함재기(함상전투기·함상폭격기·함상공격기)를 확보하려고 했던 것이다.

무조약 시대를 대비하는 항공기 개발

항공본부는 군축조약의 기한이 1936년 말까지라는 것을 염두에 두고, 1935년부터 항공기 생산 강화를 위해 새로운 항공기와 엔진공장 증설을 적극적으로 지도했다. 그 결과 1935년부터 1938년에 걸쳐 일본 비행기(日本飛行機, 1935년-기체), 이시가와지마 항공기(石川島航空機, 1936년-엔진), 후지 비행기(富士飛行機, 1936년-엔진), 쇼와 비행기(昭和飛行機, 1938년-기체), 이렇게 4개 회사가 항공기 생산 분야에 진출했다. 그동안 해군예산에서 차지하는 항공관계 예산도 1935년에 22.0%, 1936년은 23.4%로 커졌고, 중일전쟁이 본격화된 1937년에는 34.3%(전년도 대비 166.1% 증가)에 달하게 되었다. 해군의 항공전력 강화에 대응한 민간기업의 위와 같은 노력은 해군의

0식 함상전투기(제로센) 제2차 세계대전에서 일본 해군의 주력 전투기로 사용됐다. 초기에는 우수한 성능으로 일본군의 승리에 기여하기도 했다. 옛 일본군의 무기 중 가장 유명해서 오늘날에도 널리 알려져 있다.

항공 관계자를 만족하게 하는 우수한 군용기를 탄생시킨다. 이 시기의 항공기 생산은 양보다 질의 향상에 초점이 맞추어졌는데, 당시에는 아직 일본의 기초적인 공업생산력이 부족하다는 사실이 그다지 문제가 되지 않았다.

앞서 설명했던 1936년의 「성능표준」은 '11시', '12시'의 기준이 되었다. '11시'는 훗날의 99식 함상폭격기(아이치 항공기〔愛知航空機〕), '12시'는 0식 함상전투기(零式艦上戰鬪機, 일명 제로센)와 1식 육상공격기(둘 다 미쓰비시 중공업) 등의 제식기를 낳았다. 이 중에서 가장 대표적인 해군기인 0식 함상전투기의 경우 표 16을 보면 알 수 있듯이 「성능표준」보다 「요구서」가, 그리고 「요구서」보다 실제 성능이 수치가 더욱 높다. 이것은 특정 시기(1934~1937년)에 개발된 일부 항공기에 한해 나타난 현상이다. 해군의 전략적 요구 상승과 항공기술의 진보가 합치되어 나타난 이러한 현상은 그 이전에도, 이후에도 없었다.

'12시 함전'(0식 함상전투기〔약칭은 0식 함전〕)은 당시 각국의 주력 전투기의 성능과 비교하면 알 수 있듯이(표 17 참조) ① 장대한 항속력, ② 경량, ③ 낮은 마력, ④ 중무장(처음으로 20밀리 기총 장착)을 특징으로 했다. 특히 항속력은 낙하증조(落下增槽)[5]를 장착하는 경우 1,900해리(3,500킬로미터)에 달했다. 이것은 0식 함전이 550해리(약 1,000킬로미터)에 달하는 전투행동반경을 가지며, 중공의 행동반경에 거의 근접했음을 의미한다. 소형이고 경량이어서 조종이 양호하고 거기에 항속력과 공격력까지 강화된 이 전투기의 성능은 얼핏 보기에는 꽤 이상적이지만 사실은 방어력을 희생해서 얻은 결과였다.

강력한 항속력과 공격력을 보유한 육상공격기와 전투기의 출현, 이것이야말로 오니시 다키지로 등의 항공주병론자가 기대한 순수한 공군(전략공군)의 역할을 담당할 수 있었다. 이러한 항공기야말로 대륙과 해상에서 신속전개가 가능한 첨단 전력이었기 때문이다.

---

5 일종의 보조연료탱크.

【표16】 '12시 함상전투기'의 「요구서」와 실제 성능

성능	1936년 「성능표준」	12시 함전계획 요구서	실제 성능(제로센 21형 A6M2)
속력		270kt(500km)/시 이상	280kt(519km)/시
항속력	정규 탑재 시 전력으로 1시간 비행 가능, 증조 장착 시에는 6시간 이상 비행 가능	공칭(公称) 마력 1.5~2시간 이상 순항속도(180kt)로 6시간(2,000km) 이상	낙하증조가 없을 때 순항속도(180kt)로 2,220km (1,200해리, 비행시간 6시간 반) 낙하증조가 있을 때 순항속도(180kt)로 3,500km (1,891해리, 비행시간 10시간)
무장	20mm기총×2 또는 7.7mm기총×2, 20mm×1	20mm기총×2 7.7mm기총×2	20mm기총×2 7.7mm기총×2

출전: 日本海軍航空史編纂委員会編, 『日本海軍航空史(1)·用兵篇』(時事通信社, 1969), 422~423 쪽; 堀越二郎·奥宮正武, 『零戦<新装改訂版>』(朝日ソノラマ, 1975), 99~100쪽; 野沢正編著, 『日本航空機総集<改訂新版>』第1卷<三菱篇>(出版協同社, 1981), 189쪽에서 작성.

【표 17】 각국 주력전투기의 성능(1940년 당시)

나라	제작사/명칭	마력	전비(全備)중량	최고속력	항속력	무장 구경×장비 수
일	미쓰비시/A6M2 0식 함전21형	940hp	2,336kg	533km/h	2,220km	20mm×2 7.7mm×2
	나카지마/Ki-43-I-갑 하야부사	980hp	2,583kg	495km/h	1,200km	7.7mm×2
미	그루먼/F4F-3 와일드캣	1,200hp	3,176kg	531km/h	1,360km	12.7mm×6
	커티스/P-36C	1,200hp	2,790kg	500km/h	1,320km	12.7mm×2
영	슈퍼마린/스피트파이어 Mk.I	1,030hp	2,415kg	571km/h	805km	7.7mm×8
	호커/허리케인 Mk.I	1,030hp	2,993kg	515km/h	740km	7.7mm×8
소	폴리카르포프/I-16 Type10	775hp	2,054kg	464km/h	800km	7.62mm×4
	미코얀-구레비치/MiG-1	1,200hp	3,077kg	627km/h	725km	7.62mm×2 12.7mm×1
독	메서슈미트/Bf109E-1	1,050hp	3,010kg	550km/h	660km	20mm×2 7.9mm×2
이	피아트/CR.42	840hp	2,295kg	440km/h	785km	12.7mm×2
	마키/MC.200	870hp	2,208kg	512km/h	870km	12.7mm×2
프	모레인-솔니에르사/406	860hp	2,720kg	486km/h	800km	20mm×1 7.5mm×2
	드와띤느/D.520	910hp	2,780kg	529km/h	998km	20mm×1 7.5mm×4

주: 미쓰비시/A6M2 0식 함전21형은 낙하증조를 장착한 경우에는 최고속도가 519km/h로 떨어지지만, 항속력이 3,500km(1,891해리)까지 늘어난다.

출전: E.アンジェルッチ, P.マトリカルディ(石川好美訳), 『航空機-第二次世界大戦』Ⅰ.Ⅱ.(小学館, 1981)의 수치를 바로잡았다.

해군항공대와 육군항공대

일본에서는 해군의 항공주병론자가 구상했던 '순수한 공군'이 끝내 탄생하지 않았다. 해군항공대는 적어도 겉으로는 해상에서 미국과의 함대결전을 지원한다는 임무(물론 내면적으로는 독자적인 '요격' 임무를 지향했지만)를 지향했고, 육군항공대는 대륙에서 소련군과 싸우는 것을 상정해서 만들어졌기 때문이다. 그 때문에 항공전력의 정비가 진행될수록 작전사상과 항공기의 특징으로 인해 육해군 각자의 독자성이 뚜렷해졌고, 독립된 공군을 건설하는 것은 점점 어려워졌다. 같은 회사에서 만든 항공기라도 해군기와 육군기는 완전히 구별되어 개발되었고, 속도 표시(해군은 노트, 육군은 킬로미터), 계기의 위치, 조종 간의 회전 방향 등이 서로 달랐으며 기체 부품도 육군과 해군이 각각 다른 것을 사용했다. 이것은 육해군 상호 간의 비밀주의와 관료적인 종적 행정 때문이기도 했고, 한편으로는 육해군이 (세부적인 면에 이르기까지) 서로 다른 항공기를 요구했기 때문이기도 했다.

육군은 비행기 도입과 항공병과의 독립이 해군보다 빨랐다. 그러나 러일전쟁에서 확립된 보병중심의 군사사상을 기초로 항공부대를 육전의 협력병력으로 간주했고, 이 때문에 전장 부근의 제공권 확보, 즉 적 전투기의 구축과 지상부대를 향한 직접 공격을 중요시했다. 이러한 경향은 태평양전쟁이 시작될 때까지 변함이 없었다. 따라서 후방을 공습하는 중폭격기는 별로 주목받지 못했다. 반면 전장의 상공을 제압하고 적의 항공전력 진입을 방지하기 위한 전투기, 지상부대를 직접 지원하기 위한 경폭격기가 중요시되었다.

한편 해군에서는 '해군의 공군화'를 제창하는 항공주병론자들이 소수이긴 하지만 활발하게 활동했다. 이들은 1930년대 후반에 해군의 기존 전략(전함을 주역으로 하는 함대결전)을 넘어서 독자적으로 해상·육상에서의 원거리작전이 가능한 항공전력을 만들어 내고 있었다. 일본 해군은 항모부대를 충실하게 하는 한편, 이와는 별도로 지상기지에서 발진해 함대공격과 도시의 전략폭격에 사용할 수 있는 쌍발의 육상공격기(중공)를 중심으로 한 항공부대를 편성했다.

항공전력의 확충은 육군·해군이 별도로 진행했는데, 만주사변 당시(1931년 말)에는 육군이 약 270대, 해군 360대의 제1선 항공전력을 보유하고 있었다. 1937년에는 전면적인 중일전쟁에 힘입어 항공전력이 급속히 팽창하여 같은 해 말에는 육군이 약 550대, 해군이 약 1,000대, 1940년 말에는 육군이 약 1,060대, 해군이 약 2,200대의 제1선 항공전력을 보유하게 되었다.

독일의 재군비와 공군 건설에 자극받아 1936년에 일본에서도 육군이 주도하는 공군독립론이 등장했다. 그러나 항공작전사상의 차이, 정치력이 강한 육군에 주도권을 빼앗기는 것을 우려한 해군의 반대로 결국 구체화되지는 못했다.

대륙으로의 팽창과 육군력 03

만주사변기의 육군력

우가키 군축은 제1차 세계대전의 교훈을 받아들여 일본 육군의 기계화와 장비 교체를 촉진한 면이 있었다. 그러나 러일전쟁에서 확립된 백병주의사상의 힘은 강했고, 일본에서는 기동력과 화력을 중시하는 서구 육군과는 다른 방향으로 부대편성과 무기개발이 추진되었다. 즉, 육전에서 승패를 결정짓는 것은 보병에 의한 백병(총검돌격)이고, 그 외의 모든 병종(兵種)과 무기(전차·대포·항공기 등)는 보병의 돌파작전을 지원한다는 것을 전제로 보병을 정점으로 하는 육군력의 건설이 진행된 것이다. 또 여기에는 언제나 소수의 병력으로 다수의 적에게 대항한다는 대전제가 있었다. 화력·기계력 중심의 소수정예가 아닌 훈련으로 단련된 보병의 공격정신과 돌파력에 기대를 거는 것, 이것이 육군의 기본적인 생각이었다.

1931(쇼와 6)년, 만주사변(滿洲事變)[6]으로 대륙을 향한 일본의 군사적 팽창이 시작됨에 따라 육군의 군축시대는 단명으로 끝났다. 일본 국내의 상설 사단은 '만주국'에 교대로 파견되었는데(만주사변 전에는 1개 사단, 1933년 이후에는 상시로 3개 사단이 배치되었다) 덕분에 만주국 관련의 사단 증설은 이루어지지 않았다(표 12 참조). 만주사변이 일어났음에도 1926년부터 1932년까지 육군에서는 연대 이상의 부대가 증설되지 않았는데, 1933년이 되어서야 야전중포병연대 1개가 설치되고 기존의 전차대대 2개가 각각 전차연대로 개편되었을 뿐이다. 또 1934년에는 군축 후 처음으로 보병연대 1개가, 1935년과 1936년에는 각각 2개의 연대가 편성되었다. 그러나 이러한 보병연대는 사단으로 편성되지 않는 독립보병연대와 지나주둔군(支那駐屯軍, 통칭 천진군[天津軍])의 증강에 따른 지나주둔보병 제1연대·제2연대(1936년)였다.

1936년에는 대규모로 부대의 신설과 개편이 이루어졌다. 만주에 독립야포병연대 2개, 독립산포병연대 1개가 신설된 것을 시작으로 야전중포병연대 1개와 고사포연대 2개, 기구(氣球)연대 등이 편성되었다. 또 이해에는 원래 사단에 편입되었던 공병대대와 치중병대대

---

6 러일전쟁으로 일본은 만주 일대에 남만주철도를 포함한 각종 이권을 보유하게 되었고, 이를 지키기 위해 관동군(關東軍)을 배치했다. 그런데 관동군 내 일부 세력이 만주 전역을 점령하고자 스스로 철도의 일부를 폭파하고 이를 중국군의 소행으로 뒤집어씌운 뒤, 자위권을 내세워 만주 전역을 점령했다. 이후 만주에는 일본의 괴뢰국인 만주국이 세워졌다. 만주사변은 일본의 중국 침략이 본격화되는 것을 의미했다. 일본의 중국 침략은 만주사변 이후 잠시 소강상태를 거친 뒤 1937년에 중일전면전쟁으로 발전하게 된다.

가 각각 공병연대, 치중병연대로 개편·증강되었다. 이처럼 포병 화력을 약간 증강하고 사단 내의 지원 전력을 강화한 것은 일본 육군의 대(對)소전 준비의 일환이었다. 일본 육군은 러일전쟁 이후 일관되게 러시아를 가상적국으로 삼고 군비확장과 훈련·작전연구에 몰두했으며, 러시아 혁명으로 제정 러시아가 무너지고 소비에트 연방이 성립하자 이번에는 소련을 가상적국으로 삼고 극동 소련군의 동향에 신경을 곤두세웠다.

일본 육군의 대소전사상

일본 해군이 점감요격 작전구상을 하고 있었던 것처럼 일본 육군에도 소련을 상대로 한 독특한 작전사상이 있었다. 혁명으로 러시아가 붕괴되자 일시적으로 가상의 적이 소멸한 것도 있어, 잠시 육군의 대러시아(소련)작전은 구체성이 떨어지게 되었다. 그 후 만주의 군벌인 장학량(張學良, 1898~2001년)이 동지철도(東支鐵道)를 접수하자(1929년 7월) 소련군은 무력을 행사해 1개월여 만에 장학량군에게 커다란 타격을 입혔는데, 이때부터 참모본부와 관동군은 순(純)군사적인 의미로서 극동 소련군을 위협적인 존재로 인식하게 되었다(육군의 대소전 구상에 대해서는 浅田喬二·小林英夫, 『日本帝国主義の満州支配』, 제4장 참조). 관동군이 여전히 만주에서 전력을 기울여

반만항일(反滿抗日)세력과 싸우고 있던 1932(쇼와 7)년에 소련은 시베리아 철도의 복선화 공사를 시작했고, 또 같은 해 4월에는 극동 해군의 재건에 착수, 러시아 혁명 이후 폐쇄되었던 블라디보스토크 군항을 부활시켰으며, 같은 해 여름에는 만주·소련(이하 만소) 국경의 몇 군데 지구에 토치카[7]를 구축하기 시작했다. 참모본부는 같은 해의 극동 소련군의 전력을 저격 8개 사단(저격사단이란 보병 중심의 보통 사단을 말함), 전차 300대, 항공기 350대로 판단하고 있었다. 그리고 1934년 이후의 전투부대 증강은 1년간 저격사단 3~4개 사단으로 추정했다(저격 1개 사단의 전시 정원은 약 1만 3,000명). 만주에서의 일본군의 군사행동은 소련을 자극했고, 이에 따라 극동 소련군은 급속히 증강되었다(표 18). 1933년 봄에 이르자 토치카의 구축이 만소의 동부 국경과 북부의 흑하(黑河) 건너편 부근에서 재개되었다.

【표 18】 극동 소련군과 관동군의 전력 추이(1931~1945년 말)

	1931	1932	1933	1934	1935	1936	1937	1938	1939	1940	1941	1942	1943	1944	1945
극동 소련군															
저격사단	6	8	8	11	14	16	20	24	30	30	23	20	19	19	45
전차		250	300	650	800~900	1,200	1,500	1,900	2,200	2,700	1,000	800~1,000	800~1,000	1,000	4,500
비행기		200	350	500	950	1,200	1,560	2,000	2,500	2,800	1,000	1,000	1,100	1,500	6,500
잠수함				14	20	30	67	75	90	103	105	105	108	108	108
총병력				23만	24만		37만	45만	57만	70만	60만	50만	50만	70만	160만

---

7 진지의 방어를 위해 콘크리트로 구축하고 화기를 갖춘 방어진지.

	1931	1932	1933	1934	1935	1936	1937	1938	1939	1940	1941	1942	1943	1944	1945
일본군(관동군)															
사단	2	4	3	3	3	3	6	8	9	12	13	14	15	10	24
혼성여단	2	1	1	1	2	2								1	9
전차사단												2	2	1	
전차여단							1					1	1	1	2
독립수비대	1	1	3	4	4	5	5	5	9	9	9	9	6	4	
국경수비대								8	8	13	13	13	13	14	1
비행전대(飛行戰隊)*		3	3	3	3	3	5	12	18	27	19	19	16	1	1
독립비행중대	3										6	3	1	2	2
총병력							20만	22만	27만	40만	70만	70만	60만	46만	66만

극동 소련군은, 厚生省復員局, 『満州に関する用兵的考察』第1巻(1952), 附表第1·第3·第5에서 작성. 극동 소련군의 전력은 일본의 참모본부가 추정한 것임. 1931년1932년은 9월경, 1933년은 11월경, 1934년은 6월경, 1945년은 8월경의 전력, 그 외에는 연말의 전력임. 총병력은 내무인민위원부의 병력을 합친 것임.

관동군은 앞의 책, 『満州に関する用兵的考察』第1巻(1952), 附表第2·第4·第6에서 작성. 각 부대의 숫자는 연말의 숫자. 비행전대는 1932년까지는 비행대대, 1937년까지는 비행연대라는 명칭을 사용했음. 총병력은 大江志乃夫編·解説, 『支那事変大東亜戦争間動員概史』(不二出版, 復刻板, 1988), 305쪽을 토대로 했으며 다른 자료를 참고하여 바로잡았음.

참모본부와 관동군이 구체적으로 대소작전계획(연도작전계획)을 작성하게 된 것은 1933년부터이다(기안은 1932년 여름). 그 내용은 대략 다음과 같다. 처음부터 전장은 소련 영내로 하며 우선 만소 국경 동부(동안〔東安〕·모단강성〔牡丹江省〕 방면)에서 소련 영내로 급속히 진격하고, 블라디보스토크 주변의 지상전력과 항공전력을 격파한다. 그 후, 그동안 전력을 유지하고 있던 국경 서부(대흥안령〔大興安嶺〕·외몽골 방면)에서 공세로 나와 소련군에 결전을 강요하고 이를 격파한 뒤, 최종적으로는 바이칼 호 방면으로 진격한다는 것이다. 정리하자면 동정면(東正面)에서의 제1기 회전, 서정면에서의 제2기 회전(결전), 바이칼 호 방면으로의 진격 순인데 이 순서는 1936년도의 작전계획까지 이어졌다. 동정면의 공세는 동원개시(개전결의)로부터 약 2개월 후에 시작하고, 대략 2개월 정도에 완료될 것으로 예상되었다. 동정면에서 공세로 나온 뒤, 허를 찔러 서정면에서 결전한다는 이 작전의 최대 포인트는 최초 동정면에서의 공세가 단기간에 성공할 수 있을지의 여부였다. 만약 개전 직후에 행하는 동정면에서의 대공세가 좌절된다면 그 후에는 결전도, 진격도 불가능했다.

대소작전 시나리오의 변화

관동군의 1935(쇼와 10)년도 대소작전계획은 '소수로써 다수를 치는' 일본 육군의 전형적인 작전이었다. 우선 전쟁이 시작되면 전력을 다해 만소 동부국경(동정면)에서 적의 항공전력을 격멸해 제공권을 확보하고, 지상군 주력(10~11개 사단)은 국경선을 돌파해 공세를 취한 뒤 소련의 주둔군을 격멸한다. 1935년도부터는 그 시점에서 북정면(흑하 방면)에서 지원작전(4개 사단 정도)을 펼쳐 국경선 부근의 시베리아 철도를 분단시킨다는 계획이 추가되었다(철도를 분단시키면 소련은 블라디보스토크로의 보급이 불가능하게 된다). 동정면에서의 작전이 성공하면 그곳의 6개 사단 정도를 서정면(외몽골)으로 전용하고 신규 병력을 합쳐 모두 18개 사단을 편성한다. 이렇게 편성된 18개 사단은 소련군 주력과 결전을 벌이고 이를 격파, 바이칼 호부근까지 진격한다. 이것이 참모본부와 관동군의 대소전 시나리오였다. 그러나 관동군의 판단에 따르면 소련군 주력은 서정면에서부터 진군하게 되어 있었기 때문에, 동정면에서의 공세가 실패한다면 시나리오는 어그러지고 전선은 붕괴되는 것이었다. 또 동정면에서의 공세가 보기 좋게 성공할 때까지 서정면이 잘 버틸 수 있을지의 문제도 있었다.

동서 양면의 정면공세계획을 포기한 것은 1937년도의 대소작전 계획부터이다. 여기서는 동정면의 병력 전용을 전제로 한 서정면에서의 결전계획이 취소되었고, 동부에서의 결전만이 채택되었다. 또 동부에서의 공세계획이 더욱 면밀해지고, 대규모 공세 전의 초동작전도 설정되었다. 초동작전에서는 미리 국경지대에 전개한 기습 병력이 소련 측 국경 거점의 취약한 부분을 날카롭게 파고들어 돌파하게 했다. 그렇게 소련군을 교란시켜 공세작전 자체를 봉쇄하는 것이다. 이렇게 초동작전이 성공하면 틈을 주지 않고 주력공세(15개 사단을 기간으로)를 가해 일거에 동정면의 소련군을 격멸한다는 계획이었다. 동정면에서의 공세 완료 후 서정면으로 병력을 전용한다는 것에는 변함이 없었다. 그러나 결전을 피하고 시종일관 지구전 태세를 갖추며 더 이상의 진격은 하지 않기로 했다. 이는 관동군 자신이 병력 부족으로 서정면에서의 결전과 진격이 불가능하다는 것을 인정했기 때문이다. 이와 같은 작전계획은 그 후 북정면으로의 공세안이 대두하는 등 약간의 변화가 있었지만, 기본적으로는 1940년도까지 유지되었다. 앞서 말했듯이 일본 육군은 1936년부터 포병화력을 다소 증강하고 사단 내의 지원 전력을 강화했다. 이것은 극동 소련군과의 병력 차이가 계속 벌어지고 있다는 위기감 속에서 참모본부와 관동군이 대소작전구상의 붕괴를 막기 위해 내놓은 대책이었다. 그러나 그 정도로는 육군 내 대소 강경파를 안심시킬 수 없었다.

관동군의 대규모 증강

극동 소련군의 강화로 기존의 대소작전계획이 붕괴되는 것을 두려워한 육군은 1937(쇼와 12)년이 되자 관동군의 증강에 착수했다. 그래서 본래 3개 사단이었던 관동군은 6개 사단으로 2배나 증강되었고, 다음 해인 1938년에는 8개 사단, 1940년에는 12개 사단으로 계속 증강되었다(표 18). 그 사이 중일전쟁이 발발해 전선이 확대되고, 끝도 없이 병력이 투입되었지만 관동군의 증강은 계속되었다.

중국 전선에서 만성적인 병력부족에 시달리는 가운데서도 일본군은 관동군으로부터 대규모 병력을 전용하는 것을 감히 생각조차 못했다. 오히려 정예부대로 평가받는 전통 있는 상설 사단을 관동군에 먼저 배치하는 한편 급조된 특설(特設)사단을 중국 전선으로 보냈다. 1938년 말의 관동군 8개 사단은 상설 사단 7개(제1·제2·제4·제7·제8·제11·제12사단)를 포함하고 있었다. 이것은 중일전쟁 중에도 육군이 얼마나 대소전 준비를 중요하게 여겼는지를 보여준다.

1937년 이후에 행해진 관동군의 사단 증강은 단지 부대 숫자뿐만 아니라 관동군의 부대 배치에도 변화를 가져왔다. 1937년까지는 사단 이상의 전략병단(戰略兵團)이 도시 주변에 전개되었지만, 1938년 이후에는 소련과의 국경 부근으로 이동했다. 1937년에는 2개 사단이 국경에 인접한 지구로 배치되었는데, 1938년에는 이것이 5개 사단으로 늘어났다. 이는 관동군이 반만항일세력에 대한 무력진압을 독립수비대, 만주국 군대, 만주국 경찰 등에 맡기고 자신은 대소전 준비에 전념하기로 했다는 것을 의미한다. 또한, 1938년에는 8개의 대규모 국경 요새를 완성했고 사단과는 별도로 약 2만 명의 병력을 국경지대의 거점에 배치했다. 서정면의 하일라르, 동정면의 동녕(東寧)과 호두(虎頭), 북정면 아이훈에 있는 국경 요새는 특히 견고했는데, 이들 요새는 3,000명에서 6,000명의 수비대를 수용하고 두꺼운 곳은 3미터의 콘크리트로 방호되는 영구 진지였다. 동정면·북정면의 국경 요새는 방어뿐만 아니라 공세작전의 역할도 담당했기 때문에 일본 육군으로서는 예외적이라 할 만큼 대형 원거리 중포인 24센티 유탄포와 30센티 유탄포가 배치되었다. 이는 대소전 초반에 먼저 소련 측의 시설과 철도를 파괴하기 위함이었다.

항공전력은 동정면에 집중적으로 배치되었지만, 전력 부족으로 실제 대소전을 실시할 때에는 해군항공부대의 지원을 받기로 되어 있었다. 예를 들어 1939년도에는 육군 54개 중대·498대, 해군 192대, 총 690대의 항공기를 대소전에 투입하기로 예정되어 있었다.

중일전쟁에 의한 대규모 동원

관동군의 전력이 증강되는 와중에도 일본 육군은 1937(쇼와 12)년 8월까지 상설 17개 사단 체제를 유지하고 있었다. 그러나 1937년 7월에 중일전쟁이 발발하고 전선이 상해(上海)·남경(南京) 방면까지 확대되자 고유의 상설 사단만으로는 병력이 부족해졌다. 그래서 1937년 말까지 7개 사단이 새로 편성되어, 일본 육군의 전력은 상설 17개 사단을 포함해 모두 24개 사단이 되었다(사단에 편성되지 않은 부대까지 합쳐 총병력 95만 명). 1937년, 상설 사단 17개 중 10개 사단, 신설 사단 7개 중 6개 사단, 모두 16개 사단이 신속하게 중국 전선으로 파견되었고, 상설 사단 5개와 신설 사단 1개는 관동군에 배치되었다. 그래서 조선에는 상설 1개 사단(제19사단), 일본 본토에도 상설 1개 사단(고노에 사단)만이 남게 되었다(표 19).

【표19】 지역별 사단 배치 수·병력 개수(槪數)(1937~1945년)
상단: 사단 수, 하단: 병력 개수

연월	본토	조선	대만 등	만주	중국	남방	합계
1937.12	1(4%)	1(4%)	0	6(25%)	16(67%)	......	24
	25만(26%)			20만(21%)	50만(53%)	......	95만
1938.12	1(3%)	1(3%)	0	8(24%)	24(71%)	......	34
	25만(22%)			22만(19%)	68만(59%)	......	115만
1939.12	5(12%)	1(2%)	0	9(21%)	27(64%)	......	42
	26만(21%)			27만(22%)	71만(57%)	......	124만
1940.12	9(18%)	2(4%)	0	11(22%)	27(55%)	......	49
	27만(20%)			40만(30%)	68만(50%)	......	135만
1941.12	4(8%)	2(4%)	0	13(26%)	22(43%)	10(20%)	51
	56.5만(27%)			70만(33%)	68만(32%)	15.5만(7%)	210만
1942.12	—	—	—	—	—	—	—
	50만(21%)			70만(29%)	68만(28%)	52만(22%)	240만
1943.12	6(9%)	2(3%)	0	15(21%)	24(34%)	23(33%)	70
	70만(24%)			60만(21%)	68만(23%)	92만(32%)	290만
1944.3	3(4%)	3(4%)	0	12(17%)	24(33%)	30(42%)	72
	—			—	—	—	—

1944.12	14(14%)	0(0%)	8(8%)	9(9%)	25(25%)	43(43%)	99
	131만(31%)		46만(11%)	80만(19%)	163만(39%)	420만
1945.8	58(34%)	7(4%)	9(5%)	25(15%)*	26(15%)	44(26%)	169
	294만(54%)		66만(12%)	106만(19%)	81만(15%)	547만

편의상 본토에는 지시마(千島)·가라후토(樺太) 방면(제5방면군), 대만 등에는 오키나와(沖縄)·오가사와라 (오가사와라 병단)를 포함한다. 만주는 관동군의 예하에 있는 부대이고 중국은 지나파견군(支那派遣軍)의 예하에 있는 부대이다. 남방은 남방군의 예하부대와 마리아나 이남의 태평양 지역(제31군), 라바울 지 구(제8방면군)를 포함한다. *편성 중인 1개 사단을 포함한다.

출전: 防衛庁防衛研修所戦史室, 『大本営陸軍部(3)戦史叢書35』(朝雲新聞社, 1970); 同, 『陸海軍年 表戦史叢書102』(朝雲新聞社, 1980); 大江志乃夫編·解説, 『支那事変大東亜戦争間動員概史』(不二 出版, 復刻1988); 厚生省, 『引揚げと援護三十年の歩み』(ぎょうせい, 1978) 등을 토대로 작성바로잡 았다.

1938년이 되자 중국 전선은 더욱 확대되었는데, 서주(徐州)·무 한(武漢)작전 등의 대규모 작전이 진행되었기 때문에 1938년 말에는 10개 사단이 새로 편성되었다(총 34개 사단이 됨). 신설된 사단 10개 중 9개는 중국 전선에 투입되었고 1개는 관동군에 배치되었다. 또 관동군에서 1개 사단(1937년에 신설된 제26사단)이 중국 전선으로 향하 고, 역으로 중국 전선에서 관동군으로 상설 사단 2개(제7·제11사단) 가 이동했다. 이것은 중일전쟁의 확대에도 불구하고 육군이 대소전 전력으로서 관동군을 질적으로 충실하게 유지하려 했다는 사실을 말해준다. 1938년 말에 일본 육군은 34개 사단·보병 131개 연대를 기간으로 하는 총병력 115만 명으로 불어나 있었다. 당시에는 전시에 동원할 수 있는 병력이 상설 사단의 2배까지라고 생각되었기 때문에 일본 육군의 동원능력은 일단 한계에 도달했다고 볼 수 있다. 전시에는 사단이 전시편제로 되기 때문에 정원이 평시편제의 약 2배(약 2만 5,000명)로 증가한다. 결국, 전시편제의 사단을 평시의 2배로 늘리기 위해서는 평시 인원의 4배를 동원해야 하는 것이다. 예비역병은 현역 2년을 끝낸 뒤 5년 4개월을 복무하기로 되어 있으니까 그 수가 현역병의 2.67배가 된다는 계산이 나온다. 따라서 동원 병력의 한도는 현역병과 예비역병의 합계, 즉 평시병력의 3.67배가 된다(그림 4). 그런데 이 정도로는 평시의 2배 규모로 전시편제의 사단을 편성하기에는 다소 부족하다. 그래서 미교육 보충병역자(현역병으로서의 교육을 받지 않은 자)의 '임시 소집'으로 사단 병력을 보충하게 되는 것이다. 동원 병력이 증가해 예비역병으로도 부족해지면 보충병이 늘어난다. 부대 내 보충병의 비율, 즉 군대 교육 미경험자의 비율이 높아지면 전력은 질적으로 저하되기 마련이다. 그러므로 평시의 2배에 달하는 사단 동원은 군대의 질을 유지하기에 이미 한계점에 도달했다는 것을 보여주고 있다.

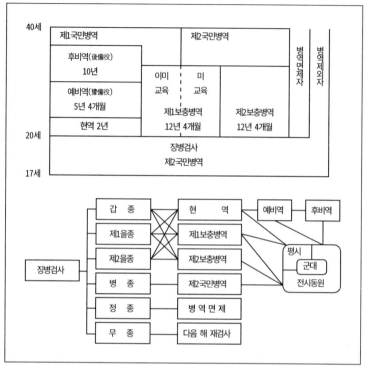

【그림4】 육군의 병역구분(1927년 제정)

한계를 넘어선 병력 동원

　중일전쟁의 장기화와 대소전쟁 준비로 새로운 육군부대의 편성
은 계속되었다. 1939(쇼와 14)년에는 중국 전선에 파견되어 있던 4개
사단(제9·제10·제14·제16사단)이 일본으로 귀환하고, 1937년에 임시

로 편성되었던 3개 사단(제101·제109·제114사단)이 폐지되었다. 그러나 한편으로는 새롭게 11개 사단·32개 보병연대가 편성되어 중국 점령지의 경비를 위해 10개 사단, 관동군으로의 배치를 위해 1개 사단이 파견되었다. 그 결과 육군은 42개 사단·총병력 124만 명이 되었다. 또한, 1940년에는 9개 사단·11개 보병연대가 편성되고 2개 사단이 폐지되어 49개 사단·총병력 135만 명이 되었고, 1941년에는 2개 사단·10개 보병연대가 편성되어 51개 사단·총병력 210만 명이 되었다. 상설 사단이 17개에서 51개로 3배가 된 것이다.

아시아·태평양전쟁에 돌입하기 전, 이미 일본 육군은 부자연스럽게 부풀어 오른 상태였다. 신설 부대가 늘어남에 따라 전선의 지휘관급인 대대장(소좌)과 중대장(대위)이 크게 부족해졌는데, 1939년의 경우 소좌 필요인원(정원) 7,366명 중 보충된 인원은 4,231명(57.4%), 대위 필요인원(정원) 1만 8,597명 중 보충된 인원은 7,191명(38.7%)에 불과했다. 또 병과의 장교에서 차지하는 소집 예비역 장교의 비율이 증가해서 현역장교의 비율도 현저히 낮아졌다. 1939년의 현역 비율은 소좌가 83.1%, 대위가 77.7%, 중위·소위에 이르러서는 21.2%까지 떨어졌다(参謀本部編制動員課動員班員編, 『支那事変大東亜戦争間動員概史』, 289쪽). 본래 소좌가 맡아야 할 대대장을 대위가, 대위가 맡아야 할 중대장을 중위 이하가 맡고 있었던 것이며, 이는 예비역 장교의 대량 배치로 부대의 '질적' 저하가 먼저 지휘관에서부터 나타나고 있다는 것을 의미했다.

한편 병사의 경우도 마찬가지였다. 1933년에는 20%였던 현역 징집률이 1937년에는 25%, 1940년에는 50%까지 올라갔다. 결국, 1933년에는 징병검사를 받은 20세 이상의 남자 5명 중 1명이 현역 병으로 입대하던 것이 1937년에는 4명 중의 1명이 되었고, 1940년에 는 2명 중 1명이 되었다. 징병검사에서는 갑종뿐만이 아니라 제1을 종·제2을종으로 분류된 이들도 현역병이 되었는데(그림 4), 과거에 는 현역병이 될 수 없었던 체격과 적성의 소유자들까지도 현역병이 된 셈이다. 대량소집을 위해 병역법도 개정되었는데, 1939년에는 보충병역이 본래의 12년 4개월에서 17년 4개월로 연장되어 최고 38 세까지 소집할 수 있게 되었다. 일본 육군이 이상으로 여겼던 '소수 정예'와 '소수로써 다수를 치는 것'은 중일전쟁에서는 더 이상 불가 능했다.

육군부대의 개편

중일전쟁 이전부터 아시아·태평양전쟁 직전까지 사단의 수는 3 배가 되었는데, 보병연대는 75개에서 184개로 2.45배, 야산(野山)포 병연대는 23개에서 59개로 2.57배, 중포병연대는 12개에서 47개로 3.92배, 기병(수색)연대는 25개에서 46개로 1.84배, 전차연대는 2개 에서 16개로 8배, 공병연대는 18개에서 61개로 3.39배, 치중병연대는 17개에서 69개로 4.06배가 되었다. 그중에서 기병연대는 1939년 이후 말이 자동차로 교체되어 수색연대로 개편된 결과, 1937년부터 1941년까지 본래의 기병연대 3개가 폐지되고 12개가 수색연대로 개편되었으며, 이와는 별도로 새로운 수색연대 18개가 편성되고 1개가 폐지되었다(또 이 기간에 과거와 같은 형태의 기병연대도 7개가 편성되었다). 기병의 자동차화와 수색연대로의 개편은 육군의 기계화가 진전되었음을 의미한다. 그러나 한편으로는 기병연대가 수색연대로 개편되자 메이지 건군 이래 보병연대와 기병연대에만 수여되었던 '군기'는 반납할 수밖에 없었다. 따라서 개편된 연대는 엘리트 집단으로서의 상징을 잃게 되었다. 또한, 중포병연대와 전차연대의 증가도 중일전쟁기에 일본 육군의 화력 강화, 기계화가 어느 정도 진전되었음을 의미한다.

또한, 사단 수가 3배로 증가했음에도 불구하고 보병연대의 수는 2.45배로 늘어나는 데 그쳤는데, 이것은 1940년 이후 기존의 보병 4개 연대를 기간으로 하는 4단위 사단이 보병 3개 연대를 기간으로 하는 3단위 사단으로 개편되고, 새로 편성된 사단도 많은 경우 3단위 사단이 된 것에 기인한다(그림 5). 사단의 3단위화는 전시편제로 2만 5,000명에 이르는 4단위 사단이 지나치게 커서 실제 운용이 어렵다는 것, 늦게나마 사단 내의 포병 비중 늘리기 등의 이유로 실시되었다(1개 사단당의 포병 화력을 증강하는 것이 아니라 보병의 비중을 줄이는 방식으로 포병의 상대적 비중을 높였다). 또 3단위화에 수반해서 부대의 자동차화도 진행되었다. 기존의 4단위 사단에서는 전시편제로 5,000마리 이상의 말이 필요했지만, 3단위 사단에서는 이것이 반 정도인 2,500마리 전후가 되었고 그 대신 자동차가 약 50대에서 500대로 증가했다.

중일전쟁기에 이루어진 육군부대의 근대화와 기계화는 세계열강 육군의 대세라는 관점에서 본다면 대수로운 것이 아니었다. 일본 육군은 타국 육군(특히 소련군)과의 경쟁 때문에 기계화를 추진한 면도 있었지만(중포부대의 증가 등), 한편으론 부대가 기형적으로 커지는 상황에서 장병의 질적 저하를 보완하기 위해 어느 정도라도 기계화를 추진하지 않으면 전력을 유지할 수 없었던 사정도 있었다.

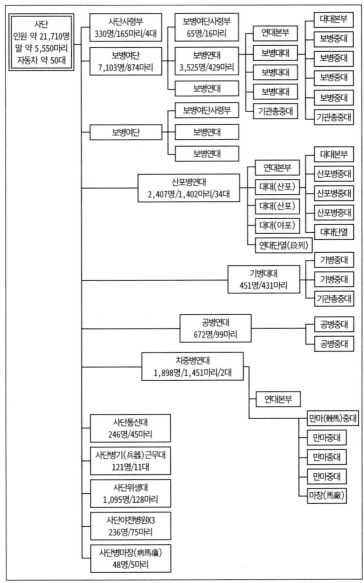

【그림 5-1】 사단의 전시편제(4단위 사단: 1941년 12월 제18사단)

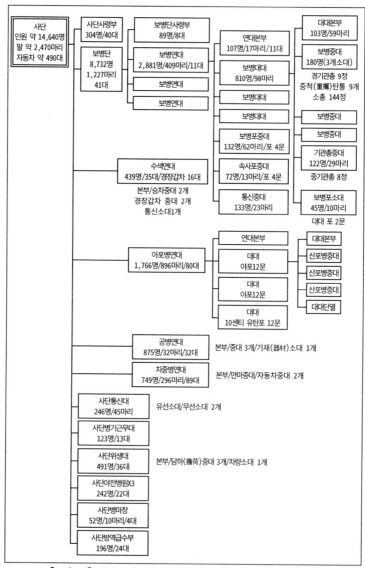

【그림 5-2】 사단의 전시편제(3단위 사단: 1941년 12월 제16사단)

桑田悅前原透編著,『日本の戦争-図解とデーター-』(原書房, 1982)을 토대로 작성.
말: 승마만마태마(乗馬駄馬)의 합계.[8] 차: 승용차트럭사이드카견인차의 합계.

육군의 무기개발사상

중일전쟁기에 화력의 강화·기계화가 진행되었다고 해도 일본 육군의 대포와 전차는 역시 보병중심·백병주의사상을 기반으로 개발되었다.

대포는 보병부대와의 동반성이 중시되어 가능한 한 경량·소형이 되도록 요구받았다. 시종일관 보병부대와 행동을 같이하면서 보병의 백병돌격을 긴밀히 지원하는 것이 중시되었던 것이다. 그러므로 러일전쟁 중에 독일로부터 수입한 경량의 크루프사의 야포를 그대로 38식 야포로 제식화해서 중일전쟁기까지 사용하는 등 대포의 연구와 개발은 저조했다. 그래도 38식 야포에 이어 프랑스 기술을 도입해서 1931(쇼와 6)년에 90식 야포를, 1935년에 95식 야포를 완성했다. 하지만 시종일관 서구 야포의 뒤를 따라가는 데만 급급했기 때문에 성능, 특히 사정거리에서 서구에 뒤떨어졌다. 이는 대(對)포병전을 우선으로 하지 않고 보병전투의 지원을 우선으로 하는 경량화·소형화의 대가였다.

---

8 만마는 수레 끄는 말, 태마는 짐 나르는 말을 가리킨다.

일본 육군이 사용하는 대포에는 사단 소속 포병연대의 주력인 야포(구경 75밀리), 분해해서 운송이 가능한 산포(연대포), 기관총좌 제압을 위한 보병포(대대포), 박격포, 대전차 전투를 위한 속사포, 그리고 야전중포병연대에 배치된 15센티 유탄포, 10센티 캐논포 등의 야전중포, 고정 진지에서 발사하는 공성 중포(重砲), 대(對)항공기용 고사포 등이 있었다. 또 야전중포도 야포와 같은 이유로 사거리보다 기동성이 중시되었다.

전차의 경우도 대포와 마찬가지였다. 일본 육군은 1925(다이쇼 14)년, 전차대를 창설하고 같은 해에 전차의 국산화 작업에 착수, 시제 제1호 전차가 1927(쇼와 2)년에 오사카 공창에서 완성되었다. 이 전차를 모체로 1929년에 완성·채용된 것이 중량 13톤, 57밀리 포 탑재의 89식 중(中)전차이다. 89식 중전차는 중일전쟁의 전반기까지 주력전차로 사용되었지만, 주포의 관통력 부족으로 노몬한 사건[9]에서 소련군의 BT-7형 전차에 완패했다. 육군은 기동성에서 구식이 되어버린 89식 전차 대신 1937년에 중량 15톤, 57밀리 포 탑재의 97식 중전차(일명 '치하')를 개발·채용했다. 이 97식 중전차가 태평양전

---

9 1939년 5월에서 9월 사이 만주와 몽골의 국경지대인 노몬한에서 벌어진 일본군과 소련군 간의 대규모 무력 충돌. 노몬한 부근의 몽골과 만주국의 국경선은 확실하지 않아 종종 분쟁이 일어났는데, 1939년 5월에 몽골군이 할힌골 강을 건너와 만주군과 충돌하는 사건이 발생했다. 일본은 이를 불법 월경으로 간주해 무력을 투입했고, 몽골과 상호원조조약을 맺은 소련도 병력을 투입하여 일본군을 격퇴했다. 이에 일본은 관동군의 정예 병력을 투입해 대대적인 공세를 취했으나, 소련군의 반격을 받아 참패, 다수의 사상자를 냈다. 9월에 소련과 일본 간의 정전협정이 성립되어 무력 충돌은 일단락되었다.

쟁 중 일본군의 주력전차였다.

전차에도 보병중심·백병주의 전술사상이 짙게 반영되었는데 차체는 경량으로 열차 운송이 가능하게 되어 있었고, 오로지 인원살상과 적의 기관총좌 파괴를 목적으로 한 저초속(低初速)·단신포(短身砲)의 유탄포(단 포탄의 탑재량은 많았음)를 주포로 했다. 이에 반해 서구의 전차는 1930년대 후반 이후 중(重)장갑화를 추진함과 동시에 초속이 빠른 장신포(長身砲)와 캐논포를 탑재했으며, 대전차전에서의 승리를 최우선으로 하여 설계되었다. 이 때문에 보병전투 협력과 기습공격 효과를 중시한 일본군 전차는 아시아·태평양전쟁에서 연합군 전차를 당해낼 수 없었다.

무조약 시대의 해군력 04

군축조약의 실효

해군의 군축시대는 1936(쇼와 11)년 말의 워싱턴·런던 두 조약이 실효될 때까지 계속되었다. 그러나 새로운 군비확장은 조약이 실효된 후에야 재개된 것이 아니었다. 이미 일본 정부(사이토 마코토[斎藤實, 1858~1936년] 내각)는 1934년 12월에 군축조약으로부터의 이탈을 결정했고, 해군 내부에서는 그보다 더 이른 9월부터 군축 후를 대비한 신형 초노급 전함, 즉 세계 최초로 18인치(46센티) 주포를 탑재한 '야마토(大和)급'의 설계를 시작했다. 그리고 무(無)조약 시대가 시작되는 1937년에 기공할 수 있도록 준비를 진행하고 있었다.

그리고 실제로 군축조약이 실효되자 즉시 대규모 군비확장계획을 채택했다. 그 결과, 1937년에는 「제3차 보충계획」(일명 마루산계획으로 1941년도까지 야마토급 전함 2척·쇼가쿠[翔鶴]급 항모 2척 등 71척·30만

전함 야마토 대함거포주의의 상징으로, 오늘날의 항공모함과 비슷한 어마어마한 체급의 전함이다. 1945년 4월, 미 항공기의 집중 공격을 받고 침몰했다. 일본에서는, 비장한 최후를 맞은 거대 전함으로서 강렬하게 기억되고 있다.

톤 건조)이 결정되었고, 1939년에는 「군비충실계획」(일명 마루욘계획으로 1943년도까지 야마토급 전함 2척·다이호〔大鳳〕급 항모 1척 등 80척·31만 톤 건조)이 결정되어 해군력의 대확장이 이루어졌다. 해군은 「제3차 보충계획」안을 의회에 제출했을 때 배수량 6만 4,000톤으로 예정된 야마토급 전함을 '4만 톤급'(건조비 1억 3,384만 7,000엔)으로 설명했다. 이는 의회를 통해 야마토급 전함의 실제 규모가 누설되는 것을 막기 위한 해군 당국의 공작이었다. 그러나 4만 톤급으로는 충분한 예산 확보가 불가능했기 때문에 실제로 건조하지 않는 구축함 2척과 잠수함 1척을 예산에 올려서 야마토급 전함 2척의 부족분을 채웠다. 야마토급 전함의 실제 건조예산은 1억 5,238만 1,500엔이었다

(앞의 책, 『海軍軍戰備[1]・戰史叢書31』, 544쪽). 다이쇼 시대의 건함경쟁 당시에는 국가예산이 약 15억 엔인 상태에서 주력함 1척(나가토급)의 가격이 약 3,000만 엔으로 국가예산의 50분의 1이었지만, 야마토급 전함은 국가예산이 27억 엔인 상태에서 1척의 가격이 약 1억 5,000만 엔으로 국가예산의 18분의 1을 차지했다.

1937년이 되자 일본뿐만 아니라 각국이 건함을 재개했다(표 20). 특히 영국은 군축조약이 끝나는 다음 날인 1937년 1월 1일에 킹조지 5세급 신예 전함 2척을 동시에 기공한 것을 시작으로, 같은 해에 동급의 배 5척을 건조하기 시작했다.

미국도 16인치 포 9문을 탑재하는 노스캐롤라이나급 신예 전함을 1937년 10월에 기공했고, 일본도 11월에 야마토를 기공함으로써 대세에 따랐다. 표 20을 보면 알 수 있듯이 영국과 미국은 1920년대 초반 주력함을 기준으로 그 연장선상의 타입으로 주력함을 건조하고 있는 데 반해, 일본의 야마토급은 두 나라 주력함의 성능을 훨씬 능가한다. 일본 해군은 수량으로 경쟁하는 것이 아닌, 개별 함정의 성능으로 상대를 압도하려 했던 것이다.

【표 20】 군축조약 실효 후 영미일의 전함 건조 상황(1937~1944년)

	함명	톤수	주포	기공 연월일	진수 연월일	완성 연월일
영국	King George V	36,727	14in×10	1937.01.01	1939.02.21	1940.12.11
	Prince of Wales	36,727	14in×10	1937.01.01	1939.05.03	1941.03.31
	Duke of York	36,727	14in×10	1937.05.05	1940.02.28	1941.11.04
	Howe	36,727	14in×10	1937.06.01	1940.04.09	1942.08.29
	Anson	36,727	14in×10	1937.07.20	1940.02.24	1942.06.22
	Temeraire	40,550	16in×9	1939.06.01	건조 중지	
	Lion	40,550	16in×9	1939.07.04	건조 중지	
	Vanguard	44,500	15in×8	1941.10.02	1944.11.30	1946.08.09
미국	North Carolina	37,484	16in×9	1937.10.27	1940.06.13	1941.04.09
	Washington	37,484	16in×9	1938.06.14	1940.06.01	1941.05.15
	South Dakota	37,970	16in×9	1939.07.05	1941.06.07	1942.03.20
	Massachusetts	37,970	16in×9	1939.07.20	1941.09.23	1942.05.12
	Indeana	37,970	16in×9	1939.11.20	1941.11.21	1942.04.30
	Alabama	37,970	16in×9	1940.02.01	1942.02.16	1942.08.16
	Iowa	48,110	16in×9	1940.06.27	1942.08.27	1943.02.22
	New Jersey	48,110	16in×9	1940.09.16	1942.12.07	1943.05.23
	Missouri	48,110	16in×9	1941.01.06	1944.01.29	1944.06.11
	Wisconsin	48,110	16in×9	1941.01.25	1943.12.07	1944.04.16
	Illinois	48,110	16in×9	1942.12.06	건조 중지	
	Kentucky	48,110	16in×9	1942.12.06	1950.01.20	건조 중지
일본	야마토	64,000	18in×9	1937.11.04	1940.08.08	1941.12.16
	무사시	64,000	18in×9	1938.03.29	1940.11.01	1942.08.05
	시나노(信濃)	69,100	18in×9	1940.05.04	항모로 개장	
	111(가칭)	69,100	18in×9	1940.11.07	건조 중지	

Conway's All the World's Fighting Ships 1922~1946(Conway Maritime Press, London, 1980)에서 작성. 톤수는 기준배수량.

궁극의 대함거포주의

야마토급 전함은 점감요격작전의 최후 단계에서 주력함 결전의 주역으로 상정되어 있었다. 그러나 잠수함과 중순양함이 점감에 성공한다고 해도 곤고 이하 일본의 주력함은 대부분 함령 15년 이상의 낡은 함이었고, 그나마 함대결전에 쓸모가 있는 포스트 유틀란트형 초노급 전함은 나가토·무쓰 2척에 불과했다. 군비확장 시대에 돌입한 뒤 미국이 16인치 주포의 신예 전함을 대량으로 건조하기 시작한 이상(1937년부터 5년간 10척을 기공), 주력함의 수에서 미국에 맞설 수 없다는 것이 명백해졌다.

야마토급 전함은 일본의 대함거포주의와 함대결전주의의 궁극의 산물이었다. 주력함의 수적 열세를 만회하기 위해 일본 해군은 미국 주력함보다 더 큰 구경(18인치)의 주포를 탑재해서 상대 주포의 사정거리 밖(outrange)에서 선제공격을 하려 했다. 미국 주력함의 16인치 포의 사정거리는 약 3만 미터, 야마토급의 18인치 포는 약 4만 미터였다. 따라서 미국 주력함의 주포가 미치지 못하는 거리에서 일방적으로 공격할 수만 있다면 수적인 열세는 문제가 되지 않는다. 함대결전이 일본 해군의 생각대로 진행된다면 미국 함대는 일본 함대에 어떠한 타격도 주지 못하고, 야마토급 전함의 거대한 포탄은 차례로 상대를 격침시킬 수 있는 것이다.

그러나 언제까지나 일본이 18인치 주포의 주력함을 독점하라는

법은 없었다. 야마토급의 전모가 드러난다면 언젠가 미국과 영국도 일본과 똑같은 주력함을 건조할 수 있었다. 그러한 이유로 건함계획을 입안한 함정본부에서는 야마토급의 건조를 시작함과 동시에 20인치(51센티) 주포 탑재의 9만 톤급 전함의 설계에 착수하고 있었다(千藤三千造ほか, 『造艦技術の全貌』, 113쪽).

당연히 항공주병론자들은 야마토급 전함의 건조에 강하게 반발했다. 군령부의 요구로 야마토급 전함의 건조가 결정된 1935(쇼와 10)년 12월, 막 항공본부장에 취임한 야마모토 이소로쿠 중장은 여기에 맹렬히 반대했고, 함정본부장 나카무라 료조(中村良三, 1878~1945년) 중장과 격론을 벌였으며, 군령부 제2부장(전비〔戰備〕담당) 고가 미네이치(古賀峯一, 1885~1944년) 소장에게도 계획의 중지를 요청했다. 이때, 오니시 다키지로도 연일 고가의 방에 버티고 앉아 "(야마토와 같은) 전함을 건조하는 것은 자동차의 시대에 8마리 말이 끄는 마차를 만드는 것과 같다. 대신 항모를 만들어라. 야마토와 무사시(武蔵)[10] 중 한쪽을 없애고 그 규모를 5만 톤 이하로 하면 항모 3척을 만들 수 있다."라고 하면서 끈질기게 맞섰다. 또 군령부 제1과장(작전) 후쿠토메 시게루(福留繁, 1891~1971년) 대좌에게도 "야마토 1척으로 전투기 1천 대를 만들 수 있다"며 재고할 것을 요구했다고 한다(新名丈夫編, 『海軍戦争検討会議記録』, 216쪽).

---

10 야마토와 같은 급의 선함.

높아지는 항모의 비중

군축조약이 실효된 1936년 12월 31일의 시점에서 일본 해군은 전함 10척·항모 4척·순양함 50척(그중에서 중순양함은 14척)·구축함 93척·잠수함 55척·그 외의 전투함정 35척 총 247척·97만 2,300톤을 보유하고 있었으며, 항모 2척(소류·히류〔飛龍〕)을 건조하고 있었다. 이미 보유하고 있었던 항모 4척 중 워싱턴조약에 의해 항모로 분류(배수량 1만 톤 이상, 2만 7,000톤 이하)된 것은 아카기·가가 2척뿐이었으며, 나머지 호쇼·류조는 배수량 1만 톤을 넘지 않았기 때문에 보유 총톤수에 포함되지 않았다. 조약에서 정해진 일본의 항모 보유량은 8만 1,000톤이었기 때문에 아직 일본에는 2만 7,000톤급의 항모를 1척 더 만들 수 있는 여유분이 있었다. 일본 해군은 이 1척분으로 1만 3,500톤급의 항모 2척을 건조하기로 했고 그에 따라 1934년에 소류를, 1936년에 히류를 기공했다. 2척의 항모를 건조하는 도중에 워싱턴조약이 실효되었는데, 그 때문에 배수량을 예정보다 늘려서 완성했다. 항공기 57대를 탑재하고 34.5노트의 고속을 자랑하는 소류(1만 5,900톤, 1937년 12월 완성)는 이후 일본 항모의 원형이 되었는데, 이 배로 일본은 일단 항모의 건조기술을 확립했다고 할 수 있다.

그런데 1930년대까지 건조 여유분을 남겨놓았다는 것은 1930년대 전반에는 항모의 사용법이 제대로 확립되지 않았음을 의미한다. 이것은 항모가 어디까지나 점감작전과 주력함 결전의 보조적인 위치에 놓여있었다는 것을 나타내고 있다. 물론 항모의 건조 여유분을 남겨두었던 것, 즉 항모의 사용법이 명확하지 않았던 것은 당시의 영국·미국 해군도 마찬가지였는데, 1936년 말 시점에서 미국은 4척 10만·3,900톤, 영국은 6척·11만 4,500톤의 항모를 보유하고 있었다. 양국의 건조 범위 13만 5,000톤에서 1~2척이 부족한 양이었다.

그러나 항공기 성능·전투기술의 향상과 함께 군축조약의 실효 후에는 항모의 위치가 바뀌기 시작했다. 1937년 이후 1941년 12월까지 일본 해군은 전함 4척(야마토급), 항모 3척(쇼가쿠급 2척·다이호급 1척), 순양함 8척(경순양함 4척·연습순양함 4척)을 기공했다(표 10). 기공된 함의 숫자만 본다면 전함 중심의 사고방식이 바뀐 것 같지는 않다. 그러나 이 기간에 완성된 전함은 1척인데 반해 항모는 6척이 완성(잠수모함에서 개장된 것 1척, 객선에서 개장된 것 1척을 포함)되었다는 점에서 항모전력의 급속한 성장은 명백하다.

또 런던조약의 체결 전후에 점감작전의 핵심으로 평가받으며 중요시되었던 중순양함이 이 시기에 전혀 기공되지 않았다는 것은 결전 단계에서 전함에 대한 기대가 더욱 높아졌다는 것, 점감 단계의 주역이 순양함에서 항모로 바뀌고 있다는 것을 나타내준다.

항모 건조경쟁

　1937(쇼와 12)년 이후의 주력함 건조경쟁에서 일본은 양적 경쟁을 포기하고 개함의 성능을 우월하게 하는 방식을 택했다. 한편 항모의 건조에서 일본은 일단 양적인 우세를 확보할 수 있었다. 1936년까지는 워싱턴조약에 의한 규제가 있긴 했지만 앞서 언급했듯이 각국은 항모의 사용법이 확립되지 않았던 점도 있어서 주력함과는 달리 어느 정도 건조 여유분을 남겨두고 있었다. 일본 해군은 함대의 결전 단계에서 항모에 보조적인 역할만 분담시켰지만, 특유의 점감 단계에서는 항모를 활용하려고 했기 때문에 영국·미국, 특히 미 해군보다도 항모의 건조에 더 적극적이었다.

　1937년부터 1941년 말까지 영국이 5척·11만 4,000톤(함재기 정수 204대), 미국이 4척·7만 4,300톤(함재기 정수 380대)의 항모를 완성한 데 반해 일본이 상선·잠수모함(미리 개장을 예상하고 설계했음)을 개조한 것을 포함해 모두 6척·11만 3,600톤(함재기 정수 308대)의 항모를 완성했다는 것은 주목할 만하다. 일본은 척수·톤수에서는 미국을 능가하고, 함재기 수에서는 영국을 능가하는 규모의 항모를 건조했던 것이다. 주력함의 양적 경쟁을 단념한 일본이었지만 항모의 양적 경쟁은 포기하지 않았다.

　1941(쇼와 16)년 12월, 아시아·태평양전쟁의 개전 시에 일본 해군이 전함 10척(34만 7,500톤, 16인치 포 16문을 포함해 주포 수 96문, 야

마토급은 아직 미완성) · 항모 10척(20만 3,800톤, 함재기 정수 573대)을 보유하고 있었던 데 비해, 미 해군은 전함 15척(47만 2,300톤, 16인치 포 42문을 포함해 주포 수 156문) · 항모 9척(19만 100톤, 함재기 정수 618대)을 보유하고 있었다(미국은 선단 호위와 항공기 수송을 전문으로 하는 상선개조 호위항모인 Escort Aircraft Carrier 1척을 포함). 일본 해군은 주력함 대비 톤수로는 대미 73.6%, 척수로는 대미 66.7%였지만 주포 수에서는 61.5%에 그쳤고, 16인치 포의 수도 38%에 불과했다. 야마토급이 완성되기 전까지는 주력함의 양과 질 모두 열세라는 것이 명백했다. 그러나 항모에서는 척수와 톤수에서 미국을 능가했고 함재기 정수도 92.7%에 달했다. 그 외에 일본 해군은 순양함 38척 · 구축함 116척 · 잠수함 64척을 포함해 모두 238척 · 109만 3,500톤의 함정을 보유하고 있었고 같은 시기 미 해군은 모두 345척 · 136만 2,000톤을 보유하고 있었다. 일본 해군의 대미 비율은 전함 · 항모 · 순양함 · 구축함 · 잠수함의 총톤수에서 80.3%였는데, 총톤수에서 항모가 차지하는 비율은 일본이 18.6%, 미국이 14.0%로 해군력에서 항모전력의 비중은 일본이 더 높았다고 볼 수 있다.

5장

전전기 일본
군사력의 붕괴

항공전력의 확장과 붕괴 01

3면 공세작전의 준비

일본 해군은 1941(쇼와 16)년 1월, 기지항공전력의 대부분 (제21·제22·제23항공전대)을 제11항공함대(사령부는 대만의 고웅[高雄])로 편성했다(중공 288대·전투기 156대·비행정 23대·정찰기 22대, 합계 489대). 기지항공부대는 일본 해군의 독특한 것으로 해상항공전력 (항모부대)과는 별개였고, 당시 여기에 필적할 만한 기지항공전력을 보유한 해군은 존재하지 않았다. 기지항공전력, 즉 제11항공함대의 임무는 2개였다. 하나는 개전 초기에 필리핀 방면의 제공권 장악(필리핀·미군 항공전력의 격멸)과 상륙 지원이었고, 다른 하나는 말레이 (싱가포르) 방면의 제공권과 제해권(싱가포르에 있는 영국의 동양함대와 항공전력의 격멸) 장악과 지상군 지원이었다.

한편 해군은 해상항공전력의 주력으로서 1941년 4월, 항모 7척을 중핵으로 하는 제1항공함대를 편성했다. 항공기의 구성은 함상전투기(약칭은 함전) 127대, 함상폭격기(약칭은 함폭) 84대, 함상공격기(약칭은 함공) 122대, 총 333대였다. 편성되었을 때의 제1항공함대는 제1항공전대(아카기·가가)·제2항공전대(소류·히류)·제3항공전대(호쇼·즈이호)·제4항공전대(류조)의 7척의 항모와 경계구축함군(群)으로 구성되어 있었다. 제1항공함대는 1941년 11월에 제5항공전대(쇼가쿠·즈이가쿠[瑞鶴])가 추가되어(단 제3항공전대는 제1함대로 편입) 함전 142대·함폭 144대·함공 180대, 총 466대로 증강되었다. 항모 7척을 하나의 함대로 편성해 집중 운용하는 것은 당시에는 세계적으로도 획기적인 것이었다. 제1항공함대에 소속된 6척의 항모군(제1·제2·제5항공전대)은 후에 '기동부대'의 기간전력을 형성하게 된다. 기동부대의 최초 임무는 하와이 공습(미국의 태평양함대와 방어 항공전력의 격멸)이었다.

제11항공함대(기지항공부대)와 제1항공함대(항모부대)의 편성과 증강은 해군 내의 대함거포주의자에게는 해상항공전력의 대부분을 점감요격작전의 점감 단계에 사용하고 주력함의 결전 단계에서는 해상항공전력의 일부분(제3항공전대의 소형 항모 2척)과 기지항공전력 전체가 지원하는 것으로 비쳤다. 그러나 항공주병론자에게는 이러한 편성이 기존의 점감요격작전의 틀을 깨고 항공전력만으로 적 함대 격멸을 노린 것으로 이해되었다. 일본 해군의 대함거포주의와 항공주병론은 합쳐지지 못했으며, 쌍방은 독자적인 구상을 갖고 전

쟁에 돌입하려 했다. 함정의 거포에 의지하지 않는 제1항공함대는 확실히 획기적이기는 했지만 전함·순양함 등이 포함되지 않아 전략 단위로서는 어중간했다. 특히 방어력이 아주 취약하다는 문제점이 있었다.

하와이 기습 구상

항공기로 하와이를 기습한다는 구상이 개전을 위한 중심작전으로 부상한 것은 1940(쇼와 15)년 11월경의 일이다. 당시 연합함대의 사령장관인 야마모토 이소로쿠 중장(1939년 9월 취임)은 오이카와 고시로(及川古志郎, 1883~1958년) 해군대신에게 보내는 편지(1940년 11월)에서 다음과 같이 '기습작전'의 결행 방침을 말하고 있다.

> 일미전쟁에서 우리가 가장 먼저 수행해야 할 것은 개전 벽두에 주력함대를 맹렬히 격파하여 미국 해군과 국민이 절망적일 정도로 그 사기를 떨어지게 하는 것이다. …… 적 주력의 대부분이 진주만에 정박하고 있는 경우에는 비행기부대로 철저하게 격파하고 동시에 항구를 폐쇄한다(앞의 책, 『ハワイ作戦·戦史叢書10』, 84쪽).

야먀모토 이소로쿠는 옛날부터 항공주병론자이긴 했다. 그러나 최종적으로 해상항공전력에 의한 하와이 공습을 결단한 것은 1940년의 전기(前期) 연합함대훈련(1940년 3월)에서 항공타격력이 현저히 향상되고, 특히 전함으로 이루어진 함대가 항공기를 이용한 어뢰 공격 앞에 완전히 무력하다는 것이 확인되었기 때문이었다.

일본군, 특히 해군이 대영미(對英米)[1]전쟁의 시작과 동시에 달성해야 할 공세작전은 하와이, 필리핀, 말레이, 이렇게 3개 방면에 걸친 것이었다. 이것은 역사상 어떤 군대가 경험했던 것보다도 광대한 규모였다. 3개 방면에서 일격을 가하며 작전의 귀추를 결정하는 기동타격력의 주역은 해군항공전력이었다. 대함거포주의를 주류파로 하는 일본 해군이 개전 초에 의지해야만 했던 것은 아이러니하게도 이단파 항공주병론자가 건설한 항공전력이었던 것이다.

그럼 왜 대함거포주의는 개전의 주역이 되지 못했을까? 러일전쟁 후 일본 해군이 열심히 준비한 함대결전구상, 즉 점감요격 작전 구상은 기본적으로 '기다리는 작전'이었다. 적(미국)이 하와이에서 주력부대를 출격시켜 일본의 근해로 쳐들어오지 않으면 작전은 성립되지 않는다. 만약 미국이 즉각 출격하지 않고 전력 증강에 전념한다면 어떻게 될 것인가. 1941년 7월의 남부 프랑스령 인도차이나 진주에 대한 보복으로 미국으로부터의 석유 수입이 끊어진 일본으로서는 기다리면 기다릴수록 석유 비축분이 줄어들게 되는데, 특히

---

1 일본에서는 米로 기재함.

일본군의 공격을 받고 불타는 전함 애리조나 일본은 1904년의 러일전쟁을 기습으로 시작했다. 그리고 1941년 미국과의 전쟁도 기습으로 시작했다. 일본의 입장에서 하와이 기습은 과거 러시아에 대한 기습의 두 번째 버전이었던 셈이다.

함대를 정박시키는 것만으로도 막대한 양의 석유를 소비하는 해군의 입장에서는 기다리면 그만큼 함대가 움직이기 어렵게 된다. 따라서 미 함대가 오는 것을 차분하게 기다리는 것은 불가능했다. 그러므로 오랜 기간 훈련을 거듭하며 연구했던 점감요격작전은 일단 미국과의 개전에는 발동할 수 없게 되었다. 따라서 일본 해군은 점감작전을 더욱 적극적으로 추진하고 해상항공전력에 전면적으로 의지하면서, 먼저 하와이를 치기 위해 준비했다.

해군항공전력의 파괴력 - 수적 우세

아시아·태평양전쟁이 시작되었을 때 시행된 해군항공전력의 3면 동시공세는 모두 기대 이상의 성공을 거두었다. 하와이에서는 기동부대가 2파로 350대에 이르는 대규모 공습부대를 보내 미국의 태평양함대를 괴멸 상태에 빠뜨렸다. 또 필리핀과 말레이(싱가포르) 방면에서는 대만과 남부 프랑스령 인도차이나를 거점으로 하는 기지항공부대가 영국 동양함대의 주력을 개전 2일 만에, 미국과 영국의 전 항공전력을 5일 만에 거의 몰아냈다. 특히 해군의 육공대(陸攻隊, 96식 육공·1식 육공)[2]와 제로센부대(0식 함상전투기)는 항공기 성능과 탑승원의 기량이 둘 다 우수했으며 연합군의 항공전력을 압도했다. 해군항공부대의 전략적인 기습행동과 육군항공부대의 국지적인 제공권 장악으로 일본군은 전(全) 전선에서 주도권을 쥘 수 있었다. 당시 영국 공군은 풍부한 실전경험을 가지고 있었지만 주력은 대독일작전을 위해 본국과 지중해 방면에 있었다. 따라서 아시아·태평양전쟁에 파견할 수 있는 병력은 미미했다. 미국의 항공전력(육군과 해군의 항공대)도 필리핀에 약 150대가 배치되어 있을 뿐이었고, 여기에 실전경험도 부족한 상태였다. 개전 시점에서 연합군은 필리핀·말레이·네덜란드령 동인도(현재의 인도네시아)·버마(현재의 미얀

---

2 육공은 육상공격기의 약칭.

마)에 약 720대의 항공기를 전개했지만, 1942년 3월 네덜란드령 동인도 점령(제1단작전 종료)까지 그중 565대(78%)를 항공전력을 이용한 일본 해군의 공격으로 상실했다. 전쟁의 시작 단계에서 공세작전의 주역은 해군항공전력이었다. 서전에서 해군항공전력이 강력한 파괴력을 발휘할 수 있었던 원인으로는 항공전력의 ① 수적 우세, ② 질적 우위, ③ 작전의 전격(電擊)성을 들 수 있다.

첫 번째로 수적 우세를 보자. 예를 들어 필리핀의 미군 요격전력(전투기)은 105대 전후였는데 실제 기동이 가능한 수는 80대 정도였다(マーチン・ケーディン, 『日米航空戰史』, 135쪽). 여기에 대해 일본 해군은 192대(육공 106대·제로센 86대)의 공격대를 대만에서 발진시켰다. 제로센이 86대이고 미군의 전투기 중 기동 가능한 수가 80대 정도니까 전투기 수만 보면 얼핏 비슷해 보인다. 그러나 미군이 요격을 위해 상시 대기시킬 수 있는 전력은 2개 중대(36대) 정도였고, 공격지점과 시간을 자유롭게 선택할 수 있는 일본군은 전력을 집중시켜 분산된 적을 각개 격파할 수 있었다. 실제로 미국의 요격전투기는 일본의 육상공격기를 거의 포착할 수 없었고, 일본은 육공 2대·제로센 7대의 가벼운 피해를 입으면서도, 불과 하루 만에 미군의 항공전력을 반감시켰다. 해군항공대도 육군처럼 '소수로써 다수를 친다'를 실천하기 위해 극단적인 소수정예주의를 채택하고 있었음에도, 개전 초에는 연합군 전력의 분산과 절대수의 부족으로 대부분의 전장에서 양적인 우세를 유지할 수 있었다.

질적 우위와 기습효과

두 번째인 질적 우위는 더 결정적인 것이었다. 개전 초기, 일본 해군이 사용하는 0식 함전(제로센), 1식 육공 등의 공격 성능은 세계적으로도 우수한 수준이었고, 제1선부대 탑승원의 기량, 특히 소대장·중대장급의 기량은 탁월했다(1개 소대는 3대, 1개 중대는 3개 소대). 뇌격의 명중률은 하와이 기습 당시에는 95%, 말레이해전(자유 회피의 2척의 전함 목표)에서도 43%에 달했으며, 인도양작전(1942년 3월~4월)에서 기동부대의 급강하폭격대는 대함 명중률 88~89%를 기록했다(앞의 책, 『海軍航空概史·戰史叢書95』, 223쪽). 또 전투기부대의 활약도 현저해서 1942년 3월까지 약 4개월간 제로센이 격추 또는 지상 격파한 연합국 항공기는 471대에 달했다(堀越二郎·奥宮正武, 『零戰—〈新裝改訂版〉』, 204쪽). 이처럼 해군항공전력은 고도의 숙련도를 자랑했는데, 이는 중일전쟁 기간과 대미전쟁 직전의 '명인(名人) 교육'으로 육성된 것이었다. 중일전쟁에서 대영미 개전까지의 4년간, 해군은 모든 기지항공대와 함재기 탑승원을 대략 반년 주기로 전선 근무, 그리고 함대·본토 근무(교육훈련)를 번갈아 종사하게 했으며 전투기술의 향상에도 노력했다. 이리하여 해군항공대는 전체적으로 높은 수준을 유지했는데, 더욱이 1938년부터는 미국과의 전쟁을 겨냥해 '특수과비행술연습생(特修科飛行術練習生)'을 설치하고 '명인'을 양성했다. 소수정예의 교육방침을 토대로 이 '특수과'는 개전 때까지 소대장·중대장급의 수평폭격요원 56명, 통신원 53명, 관측원 21명을 양성했다. 상당히 적은 숫자로 보이지만 이러한 소수 정병이 실제로는 해군의 항공전력을 지탱하고 있었다.

그럼 해군항공전력이 개전 초기에 파괴력을 발휘할 수 있었던 세 번째 요인인 작전의 전격성과 능동성을 보자. 일본군은 자바 섬을 점령할 때까지의 '제1단작전'을 펼치는 동안 기습적인 개전으로 혼란에 빠진 연합군 측에 시종 태세를 갖출 여유를 주지 않았다. 개전의 제1격은 방어자의 의표를 찌르는 기동타격이었고, 그 후의 부대 이동도 대단히 신속했다. 작전의 전격성은 전투기의 넓은 행동반경 덕분에 가능했다. 예를 들어 기지항공대의 전투기부대는 대만(고웅)에서 1회의 기지 이동으로 필리핀 전역을, 3회의 기지 이동으로 보르네오·셀레베스를, 4회의 기지 이동으로 자바 섬 전역을 전투행동권 내에 넣을 수 있었다. 또 이러한 전투기부대와 그 보호를 받는 폭격기부대의 전격적 진출을 가능케 한 최대의 요인은 당시 일본군이 연합군의 기존 비행장을 이용할 수 있었던 데에 있다.

개전 직전 해군의 공중 정찰(일본 국기인 히노마루[日ノ丸]를 지우고 국적 불명의 항공기로 위장한 육공의 사진 촬영)은 어디에, 어떤 비행장이 있는지를 알아내는 데 중점을 두었다. 그리고 개전 직후에 해군은 연합군 비행장의 탈취에 이상할 정도로 힘을 기울였고, 낙하산부대와 비행정을 이용한 강습부대 등 할 수 있는 모든 수단을 투입했다.

해군항공전력의 손실

그렇지만 정예와 강함을 자랑하는 해군항공전력의 기세도 급속히 기울어 갔다. 1942(쇼와 17)년 5월의 산호해해전은 사상 최초로 포격을 동반하지 않은 해전이었다(항모부대 간 전투). 이 해전에서 미군은 정규 항모 1척(렉싱턴)이 격침당하는 등 큰 손해를 입었고, 일본군도 소형 항모 1척(쇼호)을 잃었다. 일본군은 미국의 대형 항모를 격침하는 전술적인 승리를 거두었지만 포트모르즈비(Port Moresby) 공략이라는 전략목표를 단념했을 뿐만 아니라 그 자신도 커다란 타격을 입었다. 이 전투에서 해군항공부대는 적어도 항공기 100대와 탑승원 104명을 잃었다(쇼가쿠 30%, 즈이가쿠 40%의 탑승원 전사). 이것은 1개월 후의 미드웨이해전에서의 탑승원 손실 121명에 필적하는 숫자였다.

이미 널리 알려졌듯이 1942년 6월의 미드웨이해전에서 일본 해군이 정규 항모 4척과 항공기 327대를 잃은 것은 확실히 돌이킬 수 없는 큰 손실이었다. 그러나 항모와 항공기의 손실보다 더욱 심각한 문제는 정예를 자랑하는 탑승원들의 전사였다. 이러한 의미에서 일본 해군의 항공전력을 일거에 고갈시켜버린 것은 1942년 8월 이후부터 다음 해 2월까지 계속된 과달카날 섬을 둘러싼 항공 소모전이었다. 이 기간에 해군은 제1선의 항공기 892대, 베테랑 탑승원 1,881명을 잃었다. 이것은 미드웨이해전에서의 탑승원 전사자의 약

15배였는데, 해군항공전력 탑승원의 재생산을 뿌리까지 흔드는 결정적인 타격이었다.

　미군의 반격 개시와 함께 전력의 수적 우세는 뒤집어졌고, 1942년 후반기에는 개전 시에 활약했던 우수한 탑승원들이 다수 전사, 항공전력의 질적인 우위성마저 잃어버렸다. 미일의 함재기 정수는 개전 시에는 미국 618대, 일본 573대(대미 비율 92.7%)로 팽팽한 균형을 이루었고 미드웨이해전 때까지는 미국 555대, 일본 644대(대미 116.0%)로 일본이 우세했다. 그러나 미드웨이해전으로 미국 459대, 일본 317대(대미 69.1%)로 역전이 나타났고, 일본군이 과달카날 섬에서 철수를 결정한 1942년 12월 말에는 미국 670대, 일본 376대(대미 56.1%)가 되었다. 또 1년 후인 1943년 12월 말에는 미국 2,112대, 일본 434대(대미 20.5%)로 미국과 일본의 격차는 절망적일 정도로 벌어졌다(표 21). 수적인 격차와 더불어 질적인 우위성마저 잃어버리자 일본의 항공전력 열세는 결정적인 것이 되었다. 1943년 내내 계속된 솔로몬 제도와 동부 뉴기니를 둘러싼 항공전으로 일본군은 약 7,000대의 항공기를 잃고 퇴각했다. 그 후 전열의 재정비가 불가능한 상황에서 전선의 전면적인 붕괴가 일어나게 된다.

【표 21】 미국과 일본의 항모 보유 수함재기 정수(1941. 12. 8~1945. 8. 15)

	미해군				일본해군		대미 비율	
	함대 항모	호위 항모	항모 합계	함재기 정수	항모	함재기 정수	항모	함재기
1941.12.08	8	1	9	618	10	573	111.1	92.7
1942.03.31	7	2	9	618	11	600	122.2	97.1
06.30	5	3	8	487	8	317	100.0	65.1
09.30	4	10	14	619	8	329	57.1	53.2
12.31	4	12	16	670	10	376	62.5	56.1
1942/증감	+1 -5	+11 -0	+12 -5	+419 -367	+6 -6	+193 -390		
1943.03.31	8	14	22	907	10	376	45.5	41.5
06.30	12	17	29	1,233	10	376	34.5	30.5
09.30	15	23	38	1,546	10	376	26.3	24.3
12.31	19	35	54	2,112	12	434	22.2	20.5
1943/증감	+15 -0	+24 -1	+39 -1	+1,469 -27	+3 -1	+81 -23		
1944.03.31	20	47	67	2,527	14	527	20.9	20.9
06.30	22	62	84	3,113	11	344	13.1	11.1
09.30	24	64	88	3,349	11	412	12.5	12.3
12.31	25	64	89	3,513	6	226	6.7	6.4
1944/증감	+7 -1	+32 -3	+39 -4	+1,513 -112	+6 -12	+306 -514		
1945.03.31	26	64	90	3,616	6	226	6.7	6.3
06.30	28	69	97	3,963	6	226	6.2	5.7
08.15	28	70	98	3,996	6	226	6.1	5.7
1945/증감	+3 -0	+8 -2	+11 -2	+537 -54	+0 -0	+0 -0		
대전 중의 증감	+26 -6	+75 -6	+101 -12	+3,938 -560	+15 -19	+580 -927		

Conway's All the World's Fighting Ships 1922~1946(Conway Maritime Press, London, 1980)과 堀元
美, 『連合艦隊の生涯』(朝日ソノラマ, 1982)에서 작성.

일본 육해군전력의 붕괴

해군력의 소모

일본 해군은 1941(쇼와 16)년 12월 8일의 개전 당시 주요 전투 함정 291척·126만 7,550톤을 보유하고 있었다(여기서 주요 전투 함정이라는 것은 전함·항모·순양함·구축함·잠수함·수상기모함·잠수모함·포함·해방함·부설함·수뢰정을 가리킨다). 일본군의 공세작전이 계속되는 기간에는 피해가 비교적 적었고, 또 개전 직후에 전함 야마토가 완성되는 등 건함도 진척되었기 때문에 당분간 함정 보유량은 계속 증가했다. 일본 해군의 주요 함정 보유량은 1942년 5월 하순부터 6월 초에 최고조에 달해 288척·137만 1,840톤(개전 당시의 108.2%)을 자랑하게 되었다. 그러나 그 후 미드웨이해전으로 개전 당시의 보유량을 밑돌게 되었고, 과달카날 공방전을 거쳐 1942년 12월 말에는 269척·121만 6,410톤(개전 당시의 96.0%)이 되었다. 단 이때까지 일본 해군은 전투 또는 사고로 전함 2척(히에이·기리시마)·항모 6척·순양함 6척·구축함 22척·잠수함 19척·그 외 2척, 총 57척·31만 2,180톤을 잃었지만(그 외에 노후화된 9척·5만 5,424톤의 함정이 해군에서 제적되었음) 전함 2척(야마토·무사시)·항모 6척·순양함 1척·구축함 10척·잠수함 20척·그 외 5척, 총 44척·31만 6,465톤을 완성했다. 따라서 척수와 톤수로는 감소했지만, 전투로 입은 손실은 거의 보충되었다고 할 수 있었다(표 22).

【표22】 아시아태평양전쟁 당시 일본 해군의 함정 수(1941~1945년)

	전함		항모		순양함		구축함		잠수함		기타		합계	
	완성	상실	완성	상실	완성	상실	완성	상실	완성	상실	완성	상실	완성	상실
개전시	10		10		38		116		64		53		291	
1941	1	-	-	-	-	-	-	3	-	3	1	-	2	6
1942	1	2	6	6	1	6	10	19	20	16	4	2	42	51
1943	-	1	3	1	3	3	12	35	37	26	18	4	73	70
1944	-	4	6	12	1	20	24	62	39	57	103	37	173	192
1945	-	-	-	6	-	6	17	16	29	25	51	63	97	111
제적등		-		-		-		1		5		9		15
합계	2	8	15	19	5	35	63	136	125	132	177	115	387	445
패전시	4		6		8		43		57		115		233	

堀元美, 『連合艦隊の生涯』(朝日ソノラマ, 1982)와 新人物往来社編, 『日本海軍艦艇総覧』(新人物往来社, 1994)에서 작성. 기타는 수상기모함, 잠수모함, 포함, 해방함, 부설함, 수뢰정을 가리킴.

1943년에는 대규모 해전은 없었지만 솔로몬 제도와 동부 뉴기니를 둘러싼 소모전으로 해군의 전력은 점차 약화되어 갔다. 미군의 과달카날 상륙으로부터 1년이 지난 1943년 8월 말에는 일본 해군의 전력이 262척·112만 9,730톤(개전 당시의 89.1%)으로 줄었다. 1943년은 대형 함정의 피해는 비교적 적었는데, 6월에 전함 무쓰가 사고로 침몰하고 상선개장항모 1척(沖鷹. 주요)·경순양함 3척을 전투로 잃은 데 그쳤다. 그러나 솔로몬 제도의 섬들을 둘러싼 쟁탈전이 격화됨에 따라 수송선을 호위하고 있던 구축함, 수송임무에 전용된 잠수함의 피해가 급증해 1943년에는 구축함 35척, 잠수함 26척을 상실했다. 그래도 개전 직후에 기공된 중소 함정이 완성되기 시작해 1943년 중에 구축함 12척·잠수함 37척, 수송선단의 호위를 위한 해방함 18척이 준공되었다. 결국, 1943년은 상실한 함 70척·제적된 함 2척에 대해 완성된 함이 73척이 된 셈이다. 주요 전투 함정의 보유량도 9월 이후 조금 회복되어 1943년 12월 말에는 270척·115만 7,690톤, 1944년 3월 말에는 280척·117만 4,170톤(개전 당시의 92.6%)까지 상승했다. 1944년 봄까지 일본 해군은 상당한 손실을 보긴 했지만 그래도 함정의 전력을 유지하고 있었다.

【표23】 원인별 함종별 일본 해군 함정 상실 수(1941. 12. 8~1945. 8. 15)

	항공기 뇌폭격	잠수함 뇌격	함정 포뇌격	기뢰	불명 기타	사고	합계 척수	합계 톤수
1941	2	0	0	1	1	2	6	7,641
1942	18	12	16	1	3	1	51	304,539
1943	18	15	28	3	4	2	70	188,516
1944	53	81	48	1	7	2	192	812,970
1945	56	34	10	5	5	1	111	239,985
전함	3	1	3	0	0	1	8	332,380
항모	9	9	1	0	0	0	19	415,610
순양함	16	15	4	0	0	0	35	235,004
구축함	57	46	24	6	1	1	135	227,551
잠수함	14	17	70	3	18	5	127	193,667
기타	48	54	0	2	1	1	106	149,439
합계 척수	147	142	102	11	20	8	430	
합계 톤수	650,160	517,125	290,362	15,395	32,257	48,352		1,553,651

堀元美, 『連合艦隊の生涯』(朝日ソノラマ, 1982)와 新人物往来社編, 『日本海軍艦艇総覧』(新人物往来社, 1994)에서 작성. 기타는 수상기모함, 잠수모함, 포함, 해방함, 부설함, 수뢰정을 가리킴.

해군력의 붕괴

1944(쇼와 19)년은 일본 해군 붕괴의 해였다. 6월의 마리아나해전과 10월의 레이테해전으로 입은 타격은 그야말로 괴멸적이었고, 주요 전투 함정의 보유량은 1944년 12월 말에 250척·68만 2,050톤(개전 당시의 53.8%)으로 줄었다. 1년 사이 척수로는 불과 20척 정도지만 총톤수로는 47만 5,640톤이나 격감했던 것이다. 1944년에 일본 해군은 항모 6척·순양함 1척·구축함 24척·잠수함 39척·해방함

103척 등 개전 이래 최고인 173척·33만 9,930톤의 함정을 완성·취역시켰지만, 한편으로는 전함 4척·항모 12척·순양함 20척·구축함 62척·잠수함 57척·그 외 37척, 총 192척·81만 2,970톤(제적된 1척은 제외)을 잃었다. 특히 미군의 필리핀 레이테 섬 상륙을 둘러싼 공방전에서는 10월 23일부터 28일까지 불과 6일간에 전함 3척(무사시·후소(扶桑)·야마시로(山城))·항모 4척·순양함 10척·구축함 11척·잠수함 4척, 총 32척·30만 3,600톤을 한꺼번에 상실했다. 전투로 인한 함정의 손실이 함정 건조량을 크게 웃돌아 전력의 회복은 절망적이었다.

일본 해군은 어떠한 원인으로 함정을 상실했을까? 이를 연도와 함의 종류에 따라 분류한 것이 표 23이다. 상실 원인 중 가장 많은 것은 항공기의 공격으로 147척·65만 160톤인데, 톤수로 비교하면 3번째인 함정의 공격 102척·29만 360톤의 2배 이상이다. 태평양에서 일어난 해전의 주역이 항공기라는 사실은 이를 통해서도 확인할 수 있다. 수상 함정끼리의 고전적인 포격전·어뢰전은 이미 해전의 조연이 되어 있었다. 일본 해군이 가장 의외로 여겼던 것은 미국 잠수함의 활발한 활동이었다. 잠수함의 공격으로 침몰한 함정은 항공기의 공격에 육박한 142척·51만 7,130톤에 이르렀다. 특히, 일본 해군이 1944년에 상실한 192척의 함정 중에서 81척(42.2%)은 잠수함의 공격에 의한 것이었고, 그중에는 전함 곤고, 쇼가쿠·다이호·시나노 등의 항모 8척, 순양함 8척, 잠수함 8척뿐 아니라 원래 잠수함 사냥을 담당해야 할 구축함이 30척, 해방함도 20척이나 포함되어 있었다. 일본 해군은 미국 잠수함에 대한 효과적인 대항 조치(탐지·공격)를 강구하지 못한 채 침몰해 갔다.

일본 해군이 구상해 왔던 주력함의 결전은 끝내 일어나지 않았다. 전함 간의 해전이 없었던 것은 아니다. 그러나 미 전함과 마주친 일본의 전함(히에이·기리시마·후소·야마시로)은 모두 구식 14인치 주포의 배로, 포격전에서 패하고 기리시마·후소·야마시로는 격침되었다(히에이는 포격전에서 항해 불능이 된 후 항공기의 공격으로 침몰했다).

육군력의 팽창 - 변함없는 기본구조

중일전쟁의 장기화로 일본 육군은 이미 동원능력을 넘어설 정도로 부대의 증설을 단행하고 있었다. 대영미전쟁에 돌입하기 전의 일이다. 그러나 대영미전쟁을 위해 남방 전선을 확대한다고 하더라도, 광대한 중국의 점령지 유지를 위해서는 중국 전선의 전력을 줄일 수 없었다. 또 유럽 전선의 움직임에 따라 대소전 실행의 가능성도 있었기 때문에 관동군의 전력 감축도 불가능했다. 결국, 부대를 더 신설하는 수밖에 없었다. 51개 사단·보병 184개 연대·총병력 210만 명으로 미국·영국과의 전쟁을 맞이한 일본 육군은 1942년에는 7개 사단·보병 4개 연대, 1943년에도 12개 사단·보병 3개 연대를 증설했다(표 12 참조). 1942년과 1943년에 19개 사단을 편성하면서도 보병연대의 편성이 겨우 7개에 그친 이유는 기존의 4단위 사단을 3단위 사단으로 개편하고 남은 1개 연대를 모아서 사단을 편성하는 한편, 연대가 없는 독립보병대대 8개로 이루어진 독립보병대대 편제의 사단을 신설했기 때문이다.

1943년까지는 보병대대 이외에도 1941년에 일본 각지에 요새(要塞) 중포병연대 20개가 설치되었고, 방공연대와 고사포연대 등 26개가 편성되었다. 또 과거에는 상당히 경시되었던 본토방위태세가 조금이나마 정비되었고, 1942년 6월에 늦게나마 전차사단 3개가 편성되었으며, 전차 6개 연대가 새롭게 편성되어 조금이나마 기갑 전력이 강화되었다. 그러나 육전 화력의 핵심인 야전중포병연대의 경우에는 1941년에 2개, 1942년에 1개가 편성되었을 뿐 1943년에는 편성되지 않았다. 여전히 일본 육군은 화력을 경시하고 있었던 것이다. 그들은 뉴기니와 솔로몬 제도 등에서 연합군의 압도적인 화력 앞에서 후퇴를 거듭할 수밖에 없었지만, 백병주의에 대한 믿음을 포기하지 않았다.

전선이 확대됨에 따라 실시된 사단의 소형화는 보병연대의 경량성을 확보하기 위한 것이었는데, 이는 화력의 강화(중포의 증가), 기동성의 강화(자동차화), 기갑화보다도 우선시되었다. 결국, 일본 육군은 화력과 기동력보다도 보병의 수를 우선시하던 중일전쟁기의 구조를 제대로 바꾸지 않은 채 미국, 영국과 싸웠던 것이다. 이러한 상태는 1944년 전반까지 계속되었다. 물론 일본 육군도 전투에서 아무것도 배우지 않은 것은 아니며 상륙작전과 해상수송작전을 위해서 1942년 7월 이후 선박공병연대의 편성을 시작으로 필요에 따라 개편을 단행하기도 했다. 그러나 보병중심·백병주의에 대한 집착은 여전히 강했고 무기개발·생산기술의 제약도 있어서, 전쟁 전반에 일본 육군이 새로운 상황에 맞추어 군대를 만들 여지는 없었다.

육군력의 붕괴

1944년 6월 이후의 마리아나 제도를 둘러싼 일련의 전투 이후 일본 육군은 보병중심의 육군력 구조를 바꾸지 않는다면 전황 악화를 막을 도리가 없다는 것을 통감하기 시작했다. 특히 육군이 자신하던 사이판 섬의 수비대가 미군의 상륙부대에 맞서 해안에서 '결전'을 시도했지만 패퇴하고, 3주 남짓한 전투 끝에 전멸한 것은 커다란 충격이었다. 그동안 육군 중앙부는 고립된 섬이나 정글에서의 패퇴가 보급의 두절, 보병부대의 기동 제한 등 예상치 못한 전장에서의 전투 때문이라고 해석해 왔다. 즉, 보병부대와 이를 지원하는 각 부대가 종횡으로 움직일 수 있는 광대한 전장에서 대소작전을 응용해서 싸운다면 육군의 정예부대가 패배할 리 없다는 것이 육군의 장담이었던 것이다. 그러나 상당히 넓은 사이판 섬에서도 완패했기 때문에 다음의 결전은 필리핀, 경우에 따라서는 오키나와·대만 방면, 미군이 몰려오는 본토가 될 수도 있었다. 이러한 상황에서 육군 내부에서도 항공전력의 우선적인 강화, 포병 화력의 증강을 요구하는 목소리가 높아졌다.

1944년에 육군은 29개 사단·51개 연대를 편성함과 동시에 야포병연대 15개, 중포병연대·야전중포병연대 13개, 전차연대 10개를 신설했다. 전에 없던 규모의 편성이었지만, 이렇게 방대한 부대를 유지하기에는 인적 자원이 부족했다. 병력 부족을 해결하기 위해서 1944년에는 징병연령이 1년 낮아지고, 19세와 20세의 징병이 시행됐으며, 현역 징집률도 77.4%까지 올라갔다. 육군의 총병력은 1944년 12월 말에는 개전 당시의 거의 2배에 달하는 99개 사단·420만 명까지 팽창했다. 이처럼 단기간에 대규모 팽창을 이루는 것은 필연적으로 육군 장병의 질적 저하를 초래한다. 육군의 병과 장교는 1939년의 6만 7,000명에서 1945년에는 25만 명으로 늘어났고, 이 기간에 전체 장교에서 점하는 현역 장교의 비율은 36%에서 19%로 떨어졌으며, 정원 충족률도 99%에서 74%로 낮아졌다. 제1선부대를 직접 지휘하는 소좌(대대장)·대위(중대장)급도 현역 장교가 2할에서 4할 정도의 상태가 되었고, 게다가 정원 충족률은 7할 정도로 떨어지고 있었다. 이것은 장교단뿐만 아니라 육군 전체의 질적 저하를 말해주고 있다. 장교 1인당 하사관병(下士官兵)의 수는 1939년에는 17.5명이었지만 1945년에는 24.6명이 되어 있었다. 이에 비해 미 육군은 1939년 12.1명, 1943년 11.1명, 1945년 8.3명이었다. 미군과 비교해 전쟁 속에서 일본 육군이 얼마나 무리하게 팽창했는지를 알 수 있는 대목이다. 육군은 본래의 '소수정예' 이념과는 동떨어진 상태가 되어 무너지고 있었다.

일본 군사력의 붕괴 요인 03

군사력으로서의 생산력

아시아·태평양전쟁을 국가총력전으로 수행한 일본의 군사력은 왜 패배하고 붕괴했을까? 작전과 전술을 넘어선 전략과 대(大)전략·국가전략의 차원에서, 그리고 그 전제가 되는 국력의 차원에서 일본이 이길 가능성은 없었다. 전쟁의 승패는 일부 무기의 성능과 국지적인 작전의 성과만으로 결정되는 것이 아니다. 여기서는 군사력의 붕괴를 초래한 여러 요인에 대해 정리하기로 하자.

아시아·태평양전쟁은 일본군의 입장에서는 대륙의 중국군(말기에는 소련군도 가세함)과 태평양·동남아시아 지역의 미군과 영국군을 주된 상대로 하는 양면작전이었다. 따라서 일본은 단지 미군한테만 진 것은 아니었지만, 일본의 전시경제를 파괴하고 군사적 패배에 이르게 한 주역은 역시 미군이다. 우선 양자의 국력(전쟁잠재력)을 비교해보자. 국가총력전이라는 것은 생산력의 싸움이고, 생산력 그 자체가 전력이다. 비교할 수 있는 지표로는 GNP 외에도 철강 생산량·조선량·항공기 생산량이 가장 중요하다. 철강 생산은 온갖 군수품 생산의 기초이고, 조선 능력은 작전과 전시경제를 지탱해 주는 핵심이다(일본은 자원의 대부분을 해외에 의존하기 때문에 상선 건조능력이 전시경제의 침체 여부를 좌우하고 있었다). 또 아시아·태평양전쟁에서는 항공기의 성능과 양이 전투의 승패를 좌우했기 때문에 항공기의 생산능력도 결정적으로 중요한 지표로 작용한다.

【표24】 일본과 미국의 국력전력의 비교(1941년/1945년)

비교대상		1941(쇼와16)년 개전 시			1945(쇼와20)년 패전 시		
		일본	미국	일본=1	일본	미국	일본=1
생산력	국민총생산(억 엔)	449	5,312	11.83	745 [1944]	9,041	12.14
	조강 생산량(만 톤)	684	8,284	12.11	196	7,970	40.66
	상선 건조량(만 톤)	15.0	74.9	4.99	49.7	761.5	15.32
	항공기 생산량(대)	5,088	26,277	5.16	11,066	49,761	4.50
수송력	상선 보유량(만 톤)	609.4	1,009.6	1.65	134.4	5,026.3 [1946]	37.40
	상선 보유량(척수)	1,962	1,168	0.60	794	4,852 [1946]	6.11
	자동차 보유수(만 대)	21.7	3,489.4	160.80	14.4	3,103.5	215.52
자원	국내 석유산출량(만 킬로리터)	28.7	22,295.4	776.84	24.3	27,247.1	1,121.28
	국내 석탄산출량(만 톤)	5,647.2	51,414.9	9.10	2,988.0	57,761.7	19.33

비교대상		1941(쇼와16)년 개전 시			1945(쇼와20)년 패전 시		
		일본	미국	일본=1	일본	미국	일본=1
군사력	병력 총수(만 명)	242.0	188.1	0.78	826.3	1,229.7	1.49
	육군 병력수(만 명)	210.0	152.3	0.73	640.0	826.6	1.29
	군함 총수 (만 톤:소형 함정을 포함)	148.0	131.3	0.89	70.8	427.2	6.03
	군함 총수 (척수:소형 함정을 포함)	385	341	0.89	459	918	2.00
	전함	10	15	1.50	4	25	6.25
	항모 (호위항모는 제외)	10	8	0.80	6	28	4.67
	항모(호위항모 포함)	10	9	0.90	6	98	16.33
	잠수함	64	112	1.75	56	265	4.73
	육해군기 총수(대)	4,772	12,240	2.56	10,960	40,810	3.72
	항모함재기 정수(대)	573	618	1.08	226	3,996	17.68
예산	국가예산(억 엔)	165.4	565.5	3.42	379.6	4,194.3	11.05
	군사예산(억 엔)	125.0	266.8	2.13	171.9	343.6	2.00
인구	인구(만 명)	7,160	13,340	1.86	7,220	13,993	1.94

우선 미일의 전쟁잠재력을 비교해보자(표 24). 1941년 시점에서 미국은 일본과 비교해 GNP와 철강 생산량은 약 12배, 상선 건조량과 항공기 생산은 약 5배이다. 군사비의 격차도 2배에 이른다. 그 격차는 전쟁 중에도 좁혀지지 않았다. 더욱이 작전과 전시경제를 지탱해주는 석유의 비축량은 1941년에 일본이 4,300만 배럴인 데 비해 미국은 3억 3,500만 배럴로 7.8배, 석유정제능력은 무려 52배나 차이가 난다. 해전의 주역으로 등극한 항모의 경우 미국이 아시아·태평양전쟁 중에 대형 항모 17척, 경항모 9척(순양함에서 개장한 것), 호위항모(상선에서 개장한 것) 75척, 총 101척을 완성한 데에 비해, 일본은 전함과 순양함 등의 건조를 중지하고 전력을 기울였음

에도 대형·중형 항모 7척, 경항모 8척, 합계 15척을 완성한 데 불과했다(그중에서 11척은 다른 함정 또는 상선을 개장한 항모). 일단, 경제적인 전쟁잠재력이라는 면에서 일본은 미국에 압도된 상태였던 것이다.

군수공업력의 격차

경제력의 양적인 면뿐만 아니라 군수공업의 질적인 면에서도 격차가 컸다. 우수한 항공기를 대량으로 생산하기 위해서는 순도 높은 원재료와 규격화되고 정밀도 높은 부품이 충분히 공급되어야 한다. 또 효율적인 작업 라인을 가진 대규모 공장이 갖춰져야 하고, 양질의 노동력이 대량으로 동원되어야 한다. 항공기의 양산은 당시 일국의 공업력·기술력의 결정체였다. 솔로몬 제도에서 대규모의 항공 소모전이 전개되었던 1942년에서 1943년에 걸친 시기, 미일의 항공기 생산 격차는 3배 가까이 벌어지고 있었다. 결국, 한 명의 노동자가 하루에 생산하는 제품의 중량으로 비교해 보면 일본을 1로 할 때 미국은 1941년 2.25배, 1942년 2.98배, 1943년 2.65배, 1944년 3.89배의 생산성을 가지고 있었다(R.J. Overy, *The Air War 1939~1945*, p.168).

항공기 공업의 수준을 높이기 위해서는 광범위한 공업의 발달이 필요하고, 항공기 생산에 필수불가결한 원재료를 원활하게 입수할 수 있어야 한다. 항공기 공업의 생산 기반은 원재료·공작기계·노동자, 이렇게 3요소인데 이 3요소가 정연하고 순조롭게 준비되었던 적은 없었다. 군부의 요구에는 미치지 못하지만, 원재료(알루미늄) 공급이 늦게나마 크게 늘어나기 시작할 무렵(1941년)에는 공작기계 생산의 자립화가 이루어지지 못했고, 겨우 큰 공장에 우수한 공작기계가 배치될 무렵(1943년 전반)에는 노동력의 질적인 저하가 심각해졌다. 따라서 전체적으로 생산이 순조롭게 확대되었던 적은 없었다. 요컨대 일본의 항공전력은 안정된 공업적 기반을 확보하지 못했던 것이다.

그리고 해상항공전력의 중핵인 항모의 건조에 대해 보자면, 아시아·태평양전쟁 중에 미국은 에섹스급 대형 항모(기준배수량 2만 7,208톤, 함재기 91대)를 17척이나 취역시켰지만, 기공에서 준공까지 1척당 평균 18.6개월이 걸렸다. 이에 비해 일본은 개장항모를 별개로 한다면, 처음부터 항모로 설계·기공되어 대전 중에 완성된 함이 4척에 불과했다. 이것도 대형 항모·다이호(2만 9,300톤, 함재기 52대) 1척을 완성하는 데 32개월을 소요했으며, 운류(雲龍)급 중형 항모(1만 7,150톤, 함재기 65대) 3척의 건조에는 평균 22.7개월을 소요했다. 대형 항모 1척의 건조 기간이 1년 이상 차이가 나는 생산력의 격차는 언제 제1선의 항모를 잃을지 모르는 전시에는 치명적인 약점이다. 사실 미드웨이해전 이후인 1942년 후반에 기공된 운류급 중형

대형 폭격기 B-29 제2차 세계대전 당시 최대의 폭격기로 길이 약 30미터, 너비 약 43미터를 자랑한다. 뛰어난 기술력과 방대한 공업력을 자랑하는 미국은 이 폭격기를 대량으로 생산해 일본 본토 폭격에 동원했고, 그 결과 일본은 엄청난 피해를 입었다. 미국의 압도적인 기술력, 생산력을 상징했던 항공기이다.

항모는 미일 기동부대 간의 최대·최후의 결전이 되어버린 1944년 6월의 마리아나해전에 참가할 수 없었다. 항모 건조가 전국의 추이를 따라가지 못해 배가 뒤늦게 완성되었기 때문이다.

군사력의 양과 질

경제력을 배경으로 운용할 수 있는 군사력의 양에 있어서 미일 간의 격차는 개전 후 계속 벌어졌다. 미국은 유럽과 태평양 2개 방면에서 작전을 전개했기 때문에 병력도 2개의 전선에 나누어 배치했다. 시기에 따라 다르지만, 태평양 전선에 충원된 미군 병력은 대략 전체 육군의 3분의 1(육군기(陸軍機)도 동일), 전 해군력의 3분의 2(해군기의 대부분)라고 보아도 좋다. 미국은 일본과 '한쪽 팔'로 싸웠는데 뒤에서 언급하겠지만, 일본도 대규모 병력을 대륙(중국·만주)에 파견해 놓은 상태였고, 육군기는 대부분 해상작전이 불가능했기 때문에 '한쪽 팔'로 미국과 정면으로 맞섰다고 볼 수 있다.

미국이 경제력으로 압도하고, 총병력이 많았다고 해도 제1선에 배치된 일본군이 대단한 정예병이어서 증원되어 오는 미군을 차례로 격파했다면 지는 일은 없지 않았겠느냐고 가정할 수도 있다. 이 가정은 일본군의 무기와 장병이 질적으로 높은 수준이어야만 성립하지만, 현실은 달랐다. 낙후된 레이더와 통신 장비, 항공기 성능의 정체, 각종 화기와 신관(信管)류의 후진성에 더해 일본군 장병의 질도 계속 저하되어 갔다. 전쟁이 진행됨에 따라 일본 육군이 미군과 비교해 무리하게 팽창했다는 것은 앞서 언급한 대로다.

또 개개의 작전에서 승패를 결정하는 항공병력에서도 일본군은 조종사의 질을 향상시키기는커녕 이를 유지할 수도 없었다. 우수한 탑승원을 양성하기 위해서는 시간이 필요한 법이다. 당시 조종사의 경우, 기초훈련 약 1년, 실전부대에서의 초보훈련 1년, 여기에 고등훈련 1년, 총 3년의 세월을 소요했다고 한다. 개전 당시 일본 해군의 상용기(常用機) 정수는 모두 3,019대였고 이를 운용하기 위해서는 최소한 3,445명의 조종사를 필요로 했다. 또 상용기의 3분의 1에 상당하는 보용기(補用機)[3] 조종사를 합치면 현재 보유한 항공기를 운용하는 데만 해도 약 4,600명의 조종사가 필요했다. 그러나 1942년 1월에도 해군 소속의 조종사는 3,615명이었기 때문에 배치된 상용기 1대에 탑승원 1개 조를 충당하기에도 벅찼다. 이처럼 개전 당시에 조종사의 숫자가 부족했다는 것은 손실에 대한 회복력이 대단히 낮다는 것을 말해준다. 실전부대에서 2년 이상 근무한 숙련 조종사가 차지하는 비율은 1941년 말에는 49.5%, 1942년 6월에는 40%, 1943년 3월에는 22.5%, 1943년 6월에는 21%로 급속히 하락했다. 게다가 1942년 내내 계속된 과달카날 공방전에서 숙련된 탑승원이 대량으로 전사해 버리자 그 후에는 항공기가 있어도 신뢰성 있는 탑승원이 없는 상태가 패전 때까지 계속되었다.

국가전략과 군사전략

아시아·태평양전쟁은 세계대전의 일부이고 정치적 조정자가 없는 싸움이었다. 또 독일·이탈리아와의 동맹은 독일의 군사력에 대한 과신을 낳았지만, 군사적·경제적으로 서로 지원이 불가능하며 실익은 거의 없는 것이었다. 일본의 입장에서 아시아·태평양전쟁

---

3 예비기의 일종.

은 러일전쟁 때와 달리 조정자도, 지원자도 없는 싸움이었다. 그러므로 아시아·태평양전쟁은 일본의 전쟁잠재력이 그대로 드러나는 장기 소모전이 될 수밖에 없었다. 또 정치적 타협의 여지가 없는, 전멸하느냐 전멸시키느냐의 전쟁이 될 수밖에 없었다. 이러한 국제적 입장을 스스로 선택해서 전쟁에 돌입한 것 자체가 파멸의 원인이었다. 당시 일본의 지도층은 그러한 경제력 열세와 불리한 국제환경을 단숨에 타개하기 위해 전쟁에 호소한 것이었다. 따라서 이것은 일시적인 정세 판단의 오류가 아닌, 기존의 군사력과 삼국동맹에 대한 과신이 낳은 무모한 선택이라고밖에 볼 수 없다. 국가전략에서의 난관을 군사전략의 성공으로 극복하려고 했던 것 자체가 본말이 전도된 것이지만, 그렇게나 의지하던 군사전략도 결코 뛰어난 것이 아니었다.

아시아·태평양전쟁은 중일전쟁의 연장이며 중일전쟁이 해결되지 않았기 때문에 일어난 것이었다. 더욱이 대영미전쟁이 시작된 뒤에도 일본 육군의 대규모 병력은 대륙에서 발이 묶인 채, 소모전을 수행해 나갈 수밖에 없었다. 표 19를 보면 알 수 있듯이 1941년 이후에도 중국 전선의 육군병력은 감소하기는커녕, 전쟁 말기에 이르러서는 점령지의 치안 악화와 연합군 항공기지에 대한 점령작전(대륙타통[打通]작전) 때문에 오히려 더욱 늘어났다. 그뿐만 아니라 대소전 준비의 일환인 '관특연(關特演, 관동군특종연습)'을 위해서 1941년 7월 이후 70만의 정예부대가 만주에 주둔하게 되었는데, 이

중에서 지상군은 1943년 가을까지 거의 그대로였다. 1943년 전반까지는 일본 육군 총병력의 반 이상이 대륙(중국·만주)에서 꼼짝달싹할 수 없었던 셈이다.

미국·영국군이 버마·뉴기니·중부 태평양의 3면에서 맹렬한 공세를 전개했던 1944년에도 일본 육군은 총병력의 4할만 이들 지역에 투입할 수 있었다. 공격자 측인 미국과 영국군은 확고한 제공권을 바탕으로 능동적으로 작전을 전개해 중요 지점에 병력을 집중시켰고, 광대한 곳에 분산 배치되어 보급도 이루어지지 않았던 일본군은 각 전선에서 각개격파 당했다. 원래 일본군은 '소수로써 다수를 친다'는 기습전투를 이상으로 했지만, 주도권을 잃은 상태에서는 고전을 면할 수가 없었다. 일본군은 분산배치와 병력의 축차투입[4]을 각지에서 되풀이했는데, 이는 육군이 미군과 영국군을 과소평가한 것도 있었지만, 전력의 주요 부분이 상시 중국과 만주에 못 박혀 있어서 전력 운용의 유연성이 없었던 것도 큰 원인이었다.

전략과 군사사상 - 대미 지구전의 구상

사실 일본 군부 내에서도 대영미전쟁에서 승리할 수 있다는 확

---

4 순차적으로 투입함.

고한 전망이 서 있었던 것은 아니었다. 참모본부도 개전을 앞두고 1941년 9월 6일의 어전회의 설명자료에서 다음과 같이 밝혔다.

> 대영미전쟁은 장기대지구전(長期大持久戰)으로 이행될 것이고, 전쟁의 종결을 예상하는 것은 지극히 곤란하며 특히 미국의 굴복을 바라는 것은 일단 불가능하다고 판단되지만, 우리의 남방작전에서의 큰 성과 또는 영국의 굴복 등에 기인한 미국 여론의 대전환으로 전쟁의 종말이 도래할 가능성도 전혀 없지는 않다(参謀本部編, 『杉山メモ』上, 322쪽).

여기서는 자력으로 미국을 항복시키는 것이 불가능하다는 것을 전제로, 영국의 탈락으로 미국 내에서 반전론이 고양되기를 기대하고 있다. 그리고 이를 위해 대륙과 남방을 잇는 자급자족경제를 기초로 한 '불패의 태세'를 갖추고, 정세의 호전을 기다린다는 것이다. 결국, 미국을 쓰러뜨리는 방법은 없고, 독일이 영국에 머지않아 승리할 것이라는 관측이 전략의 기초가 되어 있었던 것이다.

육군은 독일의 군사력을 과신한 나머지 강경한 자세로 개전론을 주도했지만 내심 미국과의 전쟁은 해군에 맡긴다는 생각이 강했다. 또 '장기대지구전'을 예상하면서도 이제부터 돌입하려는 전쟁이 어떻게 전개될 것인가, 특히 지구전 단계의 방법에 대한 구상이 없었다. 대소공세작전에 관한 연구 성과만 축적하고 있었던 육군은 해양·도서지역·원격지에서의 지구전 등에 대해 어떠한 구상도 갖고 있지 않았다. 게다가 육군의 구상을 떠안고 있었던 해군도 장기전에 대한 통찰이 없었고, 해군항공대의 훈련이 순조롭게 성과를 내는 것을 보고 '지금이라면 이길 수 있다'는 전술적인 판단을 우선시했다. 1941년 7월 21일의 대본영정부연락회의(大本營政府連絡會議)에서 군령부총장 나가노 오사미(永野修身, 1880~1947년)[5] 대장은 말했다.

> 미국에 대해서는 지금은 전쟁에서 승리할 가능성이 있지만, 시간이 흐르면 이러한 공산(公算)은 더욱 적어지게 된다. 내년 후반기에는 이미 감당할 수 없게 된다. 그 후에는 더욱 나빠지게 된다. …… 따라서 시간이 흐를수록 제국은 불리하게 된다(바로 앞의 책, 274~275쪽).

이러한 이유로 오사미는 강경하게 조기개전론을 주장했다. 군사적 균형이 무너진다는 위기감, 지금 전쟁을 시작하지 않으면 2년 남짓 버틸 수 있는 석유가 점점 고갈된다는 주장은 죽음의 자리에서 살길을 찾는다는 유력한 근거가 되었다. 비축해 놓은 석유로 2년은 싸울 수 있고, 석유의 전면금수로 인해 4~6개월 이내에 전쟁을 시작해야 한다는 것인데, 이러한 판단은 해군이 전년도인 1940년 5월 21일에 행했던 대미도상연습(對米圖上演習)의 연구회에서 내린 결론

---

5 스기야마 하지메(杉山元, 1880~1945년)가 육군의 통수부를 대표해 대영미전쟁을 주장했다면, 나가노 오사미는 해군의 통수부를 대표해 대영미전쟁을 주장한 인물이라 할 수 있다. 또한, 하와이 진주만에 대한 기습작전을 승인한 인물이기도 하다.

이었다(防衛庁防衛研修所戦史室, 『大本営陸軍部·大東亜戦争開戦経緯〔1〕· 戦史叢書65』, 368~369쪽). 이른바 도상연습의 결론이 국책의 결정을 좌우한 것이었고, 군사전문가의 기술론과 전술론이 개전론의 강력한 견인차 역할을 했다고 볼 수 있다.

광역·지구전의 사상적 준비의 부재

앞에서 언급했던 '불패의 태세'를 구축하기 위해서는 대륙과 남방을 하나로 하는 자급자족경제를 구축하는 것이 대전제가 된다. '장기대지구전'이 제창되었지만, 일본군은 광역·지구전에 대한 준비가 없었다. 이것은 육해군이 러일전쟁에서 확립된 군사사상에 강하게 구속되어 장래전에 대한 유연한 통찰력을 잃어버렸다는 것을 말해주고 있다. 일본 해군은 함대결전(항공주병론자는 항공전력만을 이용한 함대요격을 주장), 육군은 보병부대의 기동을 이용한 공세작전, 즉 '결전'이라는 '틀'에 집착한 나머지, 현실 속의 전쟁에서 전략을 구상한 것이 아니라 전쟁이 생각한 대로 '틀'에 맞게 진행되기를 기다렸다고 볼 수 있다. 언젠가는 자신들의 시나리오대로 전쟁을 이끌 수 있다고 생각하면서 눈앞의 전선 유지와 절박한 상황을 넘기는 데만 급급했던 것이다.

일본 해군은 양차 대전에서의 독일 U보트전의 교훈에도 광역경

제권을 유지하기 위한 해상호위전(상선의 보호)에 대한 연구도, 경험도, 관심도 없었다. 따라서 전쟁을 시작해도 선박 피해에 대한 계산을 "감으로 쓸 수밖에 없다"(大井篤, 『海上護衛戰』, 52쪽)고 하는 상황이었다. 해상호위전에 대한 무관심은 대함거포주의자뿐만 아니라 항공주병론자의 경우도 마찬가지였다. 개전 당시 일본은 약 2,500척·630만 톤의 상선을 보유하고 있었는데, 전시경제를 유지하기 위해서는 적어도 민수용 상선 300만 톤이 필요했다. 그러나 300만 톤을 유지할 수 있었던 것은 1942년 8월부터 같은 해 12월까지의 5개월간에 불과했고, 미 잠수함의 교통로 파괴가 본격화되면서 1942년 9월을 정점으로 계속 떨어졌다(상선 전체의 보유량이 정점에 달했던 때는 1942년 3월로서 643만 톤). 해군이 미 잠수함의 활동에 애를 먹고 상선 보호의 중요성을 깨달았을 때(1943년 11월, 해상호위총사령부를 설치)는 이미 손을 쓰기에 너무 늦은 상태가 되어 있었다. 대잠작전에 대한 노하우의 축적도 없었고, 여전히 함대결전을 고집한 나머지 호위로 돌릴 수 있는 유력한 전력도 없어 손을 쓸 방법이 없었다. 모두 해상호위사상이 결여된 탓이었다. 전쟁 수행을 위해 매달 일본으로 최소 300만 톤의 자원과 물자가 도착해야 한다고 추산하기도 했지만, 이 수준을 유지한 것은 1943년 7월까지였다. 결국, 일본군 내에서는 상선의 손실을 최소화함으로써 전시경제를 유지하려는 발상이 미약했던 것이다. 그 이유는 '장기대지구전'이라는 슬로건과는 달리 전력을 키우면서 싸운다는 생각 자체가 없었고, 비축해둔 정예 군사력을 능숙하게 운용함으로써 전쟁을 치르려고 했었기 때문이다.

종합성·네트워크의 결여

전쟁 시작 전, 참모총장·스기야마 하지메 대장은 "물자 부족은 정황의 추이를 보아 기회를 잡고, 작전의 묘를 살려 보완할 수 있다. 계산대로의 물자가 없으니까 전쟁을 할 수 없다는 것은 말이 안 된다(앞의 책, 『杉山メモ』 上, 357쪽)."라고 호언했지만, 일본군은 그 정도로 '작전의 묘'를 발휘했는가?

당시의 일본군에 대해서는 이미 전쟁지도의 분열성(육해군의 대립), 합리성과 계획성의 결여, 방어를 경시한 공격 편중의 전투사상, 군사기술의 후진성 등이 많이 지적되고 있다(藤原彰, 『日本軍事史』 上, 273~280쪽). 그런데 이러한 일본군의 특질 밑바탕에는 ① 물자의 부족을 보완하고자 하는 극단적인 정신주의, ② 종합성과 네트워크의 결여라는 문제가 깔려 있었다.

극단적인 정신주의는 전쟁 말기에 특공무기의 개발과 특공전술의 보편화로 더욱 뚜렷해졌다. 종합성과 네트워크의 결여라는 것은, 일본 군대에는 전쟁에 필요한 여러 가지 요소(단위)를 효과적으로 연결하려는 발상이 부족했다는 것을 의미한다. 해군의 경우, 전함·기지항공전력·해상항공전력(항모)·순양함·구축함·잠수함으로 이루어진 각 블록(block)은 고도로 전문화되고 분화되어 있었다. 그리고 독자적인 전술도 갖고 있었다. 이들은 한 번의 함대결전이라는 특정 시나리오에 기초해 각자의 역할을 분담하고 있었는데, 이것은 어디까지나 전함을 이용한 결전에서 이기기 위한 역할 분담일 뿐이었다. 그러므로 때와 장소에 맞추어 각자의 힘을 종합해서 유연하게 운용한다는 발상이 없었다. 발상이 없었다는 것은 이 모든 것을 종합적으로 지휘할 수 있는 인물이 없었다는 뜻이기도 하다. 결국, 일본 해군은 대함거포주의, 즉 항모를 경시했기 때문에 진 것이 아니라 전함과 항모를 효과적으로 연결하지 못했기 때문에 진 것이었다. 미드웨이해전과 같이 항모를 중심으로 한 기동부대는 그들만으로 싸웠고, 본대인 전함들도 역시 그들만으로 싸우려 했다. 양자를 종합적으로 운용한다는 발상이 미약했던 것이다.

솔로몬 제도와 뉴기니에서의 항공전에서 육군기와 해군기는 서로 밀접하게 지원하는 일이 거의 없었다. 양자를 종합적으로 운용하기보다는 '지구협정(地區協定)'을 우선시했기 때문이다. 관료제적인 '종적 질서'가 현실에 대응하지 못했던 전형적인 예라고 할 수 있다. 여러 군사적 단위를 연결해서 종합적인 힘으로 싸우려는 발상이 없었기 때문에 통신과 수송 등 각 단위를 이어주는 분야가 경시되었고, 결과적으로 그런 종류의 장비·무기(레이더·항공기용 무선·대잠무기 등)의 개발은 뒤떨어지게 되었다. 그리고 그런 종류의 장비·

무기가 열악했기 때문에 네트워크를 만드는 것이 더욱 어려워지는 악순환도 생겼다. 무기는 그 나라의 군사사상을 정직하게 반영한다. 이러한 의미에서 무기의 후진성은 경제력·기술력뿐만 아니라 필요성의 인식·착상의 결여와 같은 사상적인 측면에도 그 원인이 있다고 할 수 있다.

맺음말

군비확장을 키워드로 삼아 일본의 근대 역사를 추적해 보았다. 근대 일본의 역사는 대외팽창과 전쟁의 역사라 해도 과언이 아니다. 본서에서는 전쟁의 과정이 아닌, 전쟁을 위한 군사력이 어떠한 생각에 따라 어떠한 식으로 건설되었는지, 얼마만큼의 에너지가 소모되었는가에 대해 초점을 두고 서술했다.

각 장에서 살펴보았듯이 군비확장에는 방대한 인적·물적 에너지가 투입되었는데, 평시에도 국가예산의 3분의 1에서 4분의 1, 때로는 2분의 1 가까이가 투입되었다. 이것은 언제나 '국방'을 위해 필요 불가결한 것으로 설명되어 막대한 세금의 투입을 정당화했다. 하지만 적어도 「제국국방방침」 책정(1907년) 이후의 군비확장은 군부가 독자적으로 결정한 군비확장계획, 즉 전쟁의 시나리오를 실현하기 위한 군비확장이었다. 그리고 그 시나리오가 무너지는 것이 두려워 새로운 군비확장(새로운 분야에서의 군비확장)을 추진하는 패턴이 반복되었다. 예를 들어 일본 해군은 워싱턴회의 때까지는 주력함의 건함경쟁, 워싱턴회의 이후에는 대형 순양함·잠수함의 급속한 건조, 런던회의 이후에는 제한 외 함정과 항공전력의 대규모 증강을 추진했다. 이런 식의 군비확장은 각 시기별로 일본 해군의 위기감을 잘 반영하고 있다. 그런데 일본의 군비확장은 대미관계에 따라 추진된 것이 아니었다. 오히려 현란한 군비확장은 대미관계의 악화를 선도했다. 군사력의 확장이 반드시 국제관계에서의 안정과 평화를 보장해주는 것은 아니라는 예를 보여준 셈이다. 대소전 준비를 전제로 한 육군력의 증강도 같은 의미를 지닌다.

또 일본의 경제력과 기존 전략 파탄의 위기감 속에서 해군 내에서는 반(反)주류파로서 항공주병론이 나타났는데, 이들은 독자적으로 '전략공군'의 성격을 가진 항공전력의 건설을 추진했다. 그리고 대영미 개전 당시 점감요격작전이 불가능해졌을 때에는 소수 세력이었음에도 작전을 떠맡게 되었다. 점감요격작전을 유일하고도 절대적인 시나리오로 삼았던 해군은 작전 발동이 불가능해지자, 항공주병론자가 주장하는 해상항공전력에 의한 선제타격작전을 급히 채택했던 것이다. 이는 경직된 기존 전략이 파탄에 직면할 때 혹은 무기(항공기)의 성능이 기존 전략의 틀을 뛰어넘을 때 모험주의적인 신(新)전략이 급부상하는 전형적인 사례이다. 한편, 육군은 본래의 대소공세작전 구상이 극동 소련군의 증강으로 위기에 처했다는 것을 의식하고 있었다. 하지만 오히려 보병부대의 정예화(백병돌격에 의한 돌파력의 향상)라는 기존의 생각을 더욱 강화하는 방법으로 사태를 극복하려고 했다. 그 때문에 육군 내에서는 해군의 항공주병론과 같은 새로운 구상이 나타나지 않았다.

전전기 일본의 해군은 대함거포·함대결전주의(반주류파로서의 항공주병론), 육군은 보병중심·백병주의의 군사사상에 기초해 강고한 작전 시나리오를 오랫동안 고집했다. 그래서 해군은 전함, 육군은 보병부대를 주역으로 했고, 다른 함종·병종은 조역으로서 주역을 지원하는 역할을 분담했다. 따라서 기존의 시나리오대로 전쟁이 진행되지 않을 때에는 종합성·네트워크가 결여된, 아주 효율성이 낮은 군사력으로 변했던 것이다.

본서에서는 군사력의 근대사를 재구성해 보았는데 아쉽게도 충분히 전개하지 못한 문제도 적지 않다. 군사사상과 군사력·무기의 상호 관계에 대해 논하기는 했지만 무기 그 자체, 특히 개개의 육군무기에 대한 분석이 부족하고 독가스와 세균무기와 같은 특징적인 무기, 특공무기에 대해서도 구체적으로 다루지 못했다. 그리고 항공전력의 부대편성에 대해서도 다루지 못했다. 이러한 것들은 군사사 연구의 대상으로서 중요하므로 후일을 기약하고 싶다.

덧붙여 본서의 집필에 요시카와코분칸(吉川弘文館)의 나가타키 미노루(永滝稔) 씨와 시바타 요시야(柴田善也) 씨에게 신세를 졌다. 감사의 마음을 표하고 싶다.

역자 후기

본서 『일본, 군비확장의 역사』는 메이지대학 야마다 아키라 교수의 저서 『군비확장의 근대사』(軍備拡張の近代史)의 한국어판이다. 일본에서 야마다 교수는 근현대사 연구자, 그중에서도 군사사 연구의 권위자로 꼽힌다. 그의 연구는 주로 전쟁과 군사를 통해, 근현대 일본이 어떤 길을 걸어왔는지를 규명하는 것이다. 전쟁과 군사를 통해 일본의 정치와 사회를 연구하고 있는 셈이다. 그래서 야마다 교수의 연구에는 전쟁과 군사력이 자주 등장하는데, 본서 또한 그렇다.

본서는 군비, 즉 군사력을 중심으로 일본의 근대사를 서술하고 있는 책이다. 이 책에서 저자는 근대 일본의 군사력이 어떻게 탄생하고 성장했는지, 그리고 어떻게 붕괴했는지를 그리고 있다. 이 책의 흐름을 정리하면 대략 다음과 같다.

1. 메이지유신 이후 일본 정부는 국내 질서의 유지 및 서구 열강에 대한 대응을 위해 육해군 건설을 추진했다. 이것이 근대 일본군의 출발이다(1870년대).

2. 일본의 육해군, 즉 일본군은 점차 대외 팽창을 위한 군사력으로 확대·강화되었다(1880년대·1890년대).

3. 대외 팽창과 함께 군사력은 크게 강화되었지만, 이는 과도한 군사비 부담을 초래해 국가재정에 큰 부담이 되었다(러일전쟁이 끝난 1905년부터 1921년까지).

4. 이러한 상황을 타개하기 위해 일본은 미국, 영국 등 서구 열강과 타협하며 군비를 축소했다. 그리고 이를 통해 과도한 군사비 부담에서 벗어났다(1930년까지).

5. 그러나 일본과 서구 열강의 타협은 일본의 만주 침략(1931년에 발발한 만주사변)으로 완전히 깨어졌다. 이후 일본은 군비 축소에서 군비 확대로 방향을 바꾸고 대륙 침략을 추진했다(1936년까지).

6. 일본의 만주 침략은 1937년에 중일전쟁으로 확대되었고, 중일전쟁은 1941년에 태평양전쟁으로 확대되었다. 그리고 그 과정에서 일본군은 크게 팽창했다(1942년까지).

7. 일본군은 질적, 양적으로 크게 팽창했지만, 미국·영국·중국 등의 연합국에 맞서 싸우면서 점차 소모되어갔다. 그리고 종국에는 막대한 피해를 입고 붕괴되었다(1945년까지).

이상이 본서의 흐름이다. 본서를 통해 야마다 교수는 일본 근대사의 흐름을 한 권의 책으로 압축했다. 근대 일본의 특질을 이렇게나 잘 압축했나 싶을 정도이다. 그렇다면 저자가 본서에서 강조하고 있는 메시지는 무엇일까? 그것은 크게 두 개로 요약할 수 있는

데, 첫째, 군사력은 민주적 권력에 의해 통제되어야 한다. 둘째, 국가는 과도하지 않은 적정 군사력만을 보유해야 한다는 것이다.

위와 같은 저자의 주장은 비단 일본 근대사에서만 유효한 것이 아니다. 가령 한국은 과거 수십 년간 군사정권을 체험했고, 소련의 경우 과도한 군사비 지출이 체제 몰락을 촉진하기도 했다. 본서가 역사를 보는 거울이 되었으면 좋겠다. 또 나중에 기회가 생기면 쇼와 천황(히로히토 천황)의 전쟁 책임을 다룬 저자의 역작 『쇼와 천황의 군사사상과 전략』(2002)도 번역하고 싶다.

본서의 번역을 선뜻 허락해 주신 야마다 아키라 교수님께 감사드린다. 그리고 책의 출판에 노력해주신 어문학사의 윤석전 대표님과 편집부 여러분 그리고 부모님께도 감사의 말씀을 드리고 싶다.

2019년 7월

윤현명

참고 문헌

H.P.Willmott, *The Barrier and the Javelin* (Naval Institute Press, 1983).

Conway's All the World's Fighting Ships 1906~1921 (Conway Maritime Press, London, 1985).

Conway's All the World's Fighting Ships 1922~1946 (Conway Maritime Press, London, 1980).

防衛庁防衛研修所戦史室, 『海軍軍戦備(1)・戦史叢書31』(朝雲新聞社, 1969).

防衛庁防衛研修所戦史室, 『陸軍軍戦備(1)・戦史叢書99』(朝雲新聞社, 1979).

堀元美, 『連合艦隊の生涯』(朝日ソノラマ, 1982).

新人物往来社編, 『日本海軍艦艇総覧』(新人物往来社, 1994).

新人物往来社編, 『日本陸軍兵科連隊』(新人物往来社, 1994).

新人物往来社編, 『地域別日本陸軍連隊総覧・歩兵編』(新人物往来社, 1990).

厚生省, 『引揚げと援護三十年の歩み』(ぎょうせい, 1978).

外山操・森松俊夫編著, 『帝国陸軍編制総覧』(芙蓉書房, 1987).

日本海軍航空史編纂委員会編, 『日本海軍航空史』 全4巻(時事通信社, 1969).

秦郁彦編, 『日本陸海軍総合事典』(東京大学出版会, 1991).

海軍有終会編, 『近世帝国海軍史要』(海軍有終会, 1938).

海軍省大臣官房編, 『海軍制度沿革』 第17巻(原書房, 復刻 1972).

陸軍省編, 『陸軍省沿革史』 全2巻(巌南堂, 復刻 1969).

찾아보기

A-Z

숫자

개정판

일본, 군비확장의 역사
―일본군의 팽창과 붕괴―

초판 1쇄 발행일 2019년 8월 12일

지은이 야마다 아키라 (山田朗)
옮긴이 윤현명
펴낸이 박영희
편집 박은지
디자인 최민형, 최소영
인쇄·제본 태광 인쇄
펴낸곳 도서출판 어문학사
　　　　서울특별시 도봉구 해등로 357 나너울카운티 1층
　　　　대표전화: 02-998-0094/편집부1: 02-998-2267, 편집부2: 02-998-2269
　　　　홈페이지: www.amhbook.com
　　　　트위터: @with_amhbook
　　　　페이스북: www.facebook.com/amhbook
　　　　블로그: 네이버 http://blog.naver.com/amhbook
　　　　　　　　다음 http://blog.daum.net/amhbook
　　　　e-mail: am@amhbook.com
　　　　등록: 2004년 7월 26일 제2009-2호

ISBN 978-89-6184-928-9 93910
정가 16,000원

이 도서의 국립중앙도서관 출판예정도서목록(CIP)은 서지정보유통지원시스템 홈페이지(http://seoji.nl.go.kr)와 국가자료종합목록 구축시스템(http://kolis-net.nl.go.kr)에서 이용하실 수 있습니다. (CIP제어번호: CIP2019028184)

※잘못 만들어진 책은 교환해 드립니다.